中等职业教育物流服务与管理专业创新规划教材

仓储作业实务

主　编　商　磊

参　编　吕　芸　卢鑫芳　许兆婷

韩建平　唐萍萍

主　审　张　琛

机 械 工 业 出 版 社

本书根据中等职业学校学生的特点和培养目标，本着“工学结合，理学一体”的原则进行编写，主要内容包括走进仓储、入库作业、在库作业、出库作业和仓储综合作业五部分，全面介绍了物流仓储的基础知识、仓储作业各种设施设备的使用、仓储作业流程以及相关人员必须具备的职业素养和能力，告诉学生应该怎么做、做成什么样。在结构、形式上力求新颖，贯彻工作过程系统化的教学思想，采用项目、任务组织教学单元，并采用多元化的手段评价任务完成情况，有利于学生学习本课程的积极性。

本书可作为中等职业学校物流服务与管理及相关专业的教材，也可作为物流企业管理人员学习、培训用书。

图书在版编目（CIP）数据

仓储作业实务/商磊主编．—北京：机械工业出版社，2015.8（2017.7 重印）
中等职业教育物流服务与管理专业创新规划教材
ISBN 978-7-111-51179-3

Ⅰ．①仓…　Ⅱ．①商…　Ⅲ．①仓库管理—中等专业学校—教材　Ⅳ．①F253.4

中国版本图书馆 CIP 数据核字（2015）第 189373 号

机械工业出版社（北京市百万庄大街 22 号　邮政编码 100037）
策划编辑：聂志磊　责任编辑：聂志磊　席建英
责任校对：马丽婷　责任印制：李　飞
北京机工印刷厂印刷（三河市南杨庄国丰装订厂装订）
2017 年 7 月第 1 版第 2 次印刷
184mm×260mm・13 印张・299 千字
3 001—4 000 册
标准书号：ISBN 978-7-111-51179-3
定价：34.00 元

凡购本书，如有缺页、倒页、脱页，由本社发行部调换
电话服务　网络服务
服务咨询热线：010-88379833　机工官网：www.cmpbook.com
读者购书热线：010-88379649　机工官博：weibo.com/cmp1952
教育服务网：www.cmpedu.com
金书网：www.golden-book.com

前　言

物流业是融合运输业、仓储业、货代业和信息业等的复合型服务产业，是国民经济的重要组成部分，涉及领域广，吸纳就业人数多，促进生产、拉动消费作用大，在促进产业结构调整、转变经济发展方式和增强国民经济竞争力等方面发挥着重要作用。在经济全球化、信息化加快推进的背景下，发展物流业已成为推进工业化、城市化和国际化，提升综合实力和国际竞争力的重要举措，对于优化资源配置、经济结构调整、改善发展环境、提高经济发展质量等都具有重要意义。毋庸讳言，目前我国物流从业人员整体素质还较低，而且物流教育严重滞后于物流业发展和国民经济发展的需要，物流专业毕业生的数量与市场的需求严重脱节。这些问题如果不能得到解决，将成为物流产业发展的巨大障碍，更无法应对经济全球化的挑战。因此，提高物流职业教育水平，深化课程改革，加强物流人才的培养，已成为摆在我们面前的迫切任务。正是在这种背景下，我们编写了本书。

本书以储运公司仓储业务的主要工作流程为线索，以仓储业务工作各个环节所需要的能力、技能以及相关知识为重点，以能力培养为主线，创建行动学习环境，以组织学生动手操作、主动探索为教学模式，培养学生的仓储业务能力和综合职业素质。

书中融入了近些年来开展的物流中心作业技能竞赛知识技能点，特别是作业理念，使教授本书既是一次课程教学，又是一次技能竞赛的校内选拔，让所有学生都有机会使用实训设备，让所有学生都有入选技能大赛的机会。将教材的“理实一体”要求与学校的实训条件有机地结合在了一起，教材内容中的学习情境就是学校实训室的情景，设施设备就是学校实训室的设施设备，这样“理实一体”真正落到了实处。另外，本书还融入了职业素养教育内容，特别是仓储方面的职业素养。在项目下设若干任务，每个任务中都设置了“任务描述”“任务准备”“任务实施”等环节。教学评价采用多元化评价方式，即过程评价与总结评价相结合，学生自评、小组互评和教师评价相结合。

通过对本书的学习，学生可以理解并掌握仓储岗位和职业前景、仓储作业流程活动；入库作业、在库作业和出库作业三个阶段的设施设备操作、流程作业和相关的职业素养；整个出入库作业及使用自动化装备完成出入库作业的知识和技能。

本书教学内容分为五个模块 16 个项目，每个项目包含若干任务，建议学时为 108 学时（见下表）。要求通过学习，能对整个物流仓储作业系统的具体功能和仓储设备有个全面的认识。

模　块	项　目	建议课时
模块一　走进仓储	项目一　走进仓库	4
	项目二　初识仓储作业流程	4
模块二　入库作业	项目一　入库单证处理	4
	项目二　入库验收作业	8
	项目三　理货作业	8
	项目四　入库搬运作业	8
	项目五　入库上架作业	8

（续）

模　块	项　目	建议课时
模块三　在库作业	项目一　流通加工作业	8
	项目二　补货作业	4
	项目三　盘点作业	8
模块四　出库作业	项目一　拣选作业	8
	项目二　打包作业	8
	项目三　出库操作	8
	项目四　配载作业	4
模块五　仓储综合作业	项目一　出入库作业	8
	项目二　自动化仓储综合作业	8

在课程教学方法上，建议以工作过程为导向，开展任务驱动型教学。在实施教学时，按照“资讯、计划、决策、实施、检查、评估”六步进行。其中，资讯、计划、实施、检查阶段以学生为主，教师只有在学生遇到问题时才给予及时的指导。在决策、评估中，教师必须参与到每一个组中，及时提出合理建议并做出公正的评价。具体到教学手段上，建议采用基础实训模式（如设备训练）、角色实训模式（如阶段流程）和项目实训模式（如复杂的综合作业）来组织教学。

本书由商磊任主编，吕芸、卢鑫芳、许兆婷、韩建平、唐萍萍参与了本书的编写。具体编写分工为：商磊编写了模块二、模块五，吕芸编写了模块四，卢鑫芳编写了模块三，韩建平编写了模块一，许兆婷、唐萍萍编写了任务习题。

在本书的编写过程中得到了各方面的支持，感谢胡传德、张琛、许兆婷等学校领导的全力支持，感谢中国邮政速递湖州分公司王海涛主任给予的指导。

为方便教学，本书配备了助教课件、习题答案等资源，凡选用本书作为教材的教师均可登录机械工业出版社教材服务网（http://www.cmpedu.com）免费下载。欢迎广大教师加入中职物流教师交流群（QQ 群：170211876）分享教学资源和教学经验。

由于时间仓促，加之编者水平有限，书中难免存在不足之处，恳请读者提出宝贵的意见和建议，以求不断改进和完善。

编　者

目 录

模块四　出 库 作 业

模块五　仓储综合作业

模块一

走进仓储

项目一　走进仓库

项目描述

小明、小李和小白是物流专业的学生，他们应聘到佳通物流公司工作。公司进行了初步的岗位分配，小明为仓管员，小李为信息员，小白为操作员。他们一起被分在公司的1号仓库，仓库主管带着他们开始了仓储工作。第一次进入仓库，他们充满了好奇，什么是仓库？仓库有哪些种类？仓库是如何分区的？

工作的第一天，主管交给他们一个项目——熟悉1号仓库，并绘制仓库的基本布局图。要完成这个项目，首先需要了解什么是仓库，如何进行仓库区域划分，然后根据仓库动线布置的原则，绘制仓库布局图。

此项目包括一个任务：绘制仓库基本布局图。

项目目标

1. 知识目标

（1）理解仓库的含义。

（2）认识仓库的种类。

（3）了解仓库的分区分类。

（4）了解仓库动线布置。

2. 技能目标

（1）掌握仓库基本布局的绘制。

（2）根据仓库动线布置特点，进行仓库布局规划。

3. 职业素养目标

掌握仓储企业7S管理的要点。

任务　绘制仓库基本布局图

任务描述

1. 在教师的组织辅导下，分小组介绍1号仓库的不同区域，要求说出各区域的名称和功能。

2. 根据1号仓库作业区域的基本情况，结合基础知识及仓库的动线特点，绘制该仓库的布局图。

任务准备

一、仓库的概念

《诗经·小雅》中有“乃求千斯仓，乃求万斯箱”的句子，意思是因年成好，储存的粮食非常多，由此可见，仓库由来已久。在现代，仓库是保管、储存货物的建筑物和场所的总称。图 1-1 为佳通公司 1 号仓库。

图 1-1　佳通公司 1 号仓库

二、仓库的种类

1．按用途分类

按用途分类，仓库可分为自有仓库、营业仓库、公共仓库和保税仓库。

2．按结构和构造分类

按结构和构造分类，仓库可分为平房仓库、多层仓库、散装仓库、立体仓库和罐式仓库。

3．按保管方式分类

按保管方式分类，仓库可分为普通仓库、冷藏仓库、恒温仓库和危险品仓库。

4．按保管货物分类

按保管货物分类，仓库可分为原材料仓库、半成品仓库和产品仓库。

5．按保管条件分类

按保管条件分类，仓库可分为有普通仓库、冷藏仓库、恒温仓库、危险品仓库和水面仓库等。

➲小知识

水面仓库是在水面周围用筑堤或其他工作物防护而成的仓库。水面仓库主要用于原木的收发与储藏，如图 1-2 所示。

图 1-2　水面仓库

三、仓库布置形式

图 1-3 架上平台

仓库布置既要提高仓库平面和空间利用率，又要提高物品保管质量，方便进出库作业，从而降低物品的仓储处置成本。它包括保管区的布置和非保管区的布置。

保管区主要是指存储货物的区域，布置的形式包括就地堆码、货架存放、架上平台和空中悬挂。架上平台如图 1-3 所示。

非保管区主要是指除保管区域外的其他场所，主要包括通道、墙间距、收发货区、设备存放区、暂存区和库内办公场所。

（1）通道：库房内的通道，分为运输通道（主通道）、作业通道（副通道）和检查通道。作业通道的宽度一般在 1.5m 以上，检查通道一般为 0.5m。

（2）墙间距：一方面是使货垛和货架与库墙保持一定的距离，避免物品受潮，同时也可作为检查通道或作业通道。墙间距一般宽度为 0.5m 左右。

（3）收发货区：收发货区是指供收货、发货时临时存放物品的作业场地，可设月台。可分为收货区和发货区，也可以划定一个收发货区收货、发货共用。因为收发货区通常和理货区域在一起，所以人们也将其称为收货理货区和发货理货区。

（4）设备存放区：存放仓储作业所需的各种设备工具，常见的有搬运车、堆高车、手推车等装卸搬运工具。

（5）暂存区：作业过程中，临时放置设备或者货物的地方。例如，货架保管区通道旁设“货物交接区”，搬运来的货物在此处等待上架。

（6）库内办公场所：仓库管理人员需要一定的办公场所，可设在库内也可设在库外。最好设在库外另建办公室，使仓库能存放更多的物品。

四、仓库的区域动线

动线优化遵循的原则是“不迂回，不交叉”，防止无效搬运，避免动线冲突和搬运中的安全隐患。常见的仓库区域动线包括以下几种：

1. U 形动线

U 形动线如图 1-4 所示。

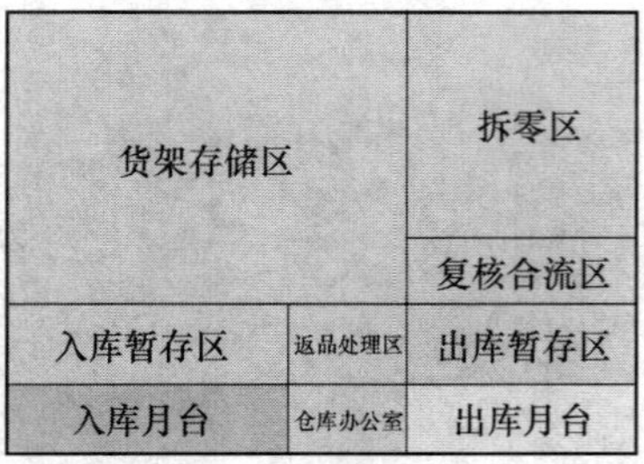

图 1-4 U 形动线

2. I 形动线

I 形动线如图 1-5 所示。

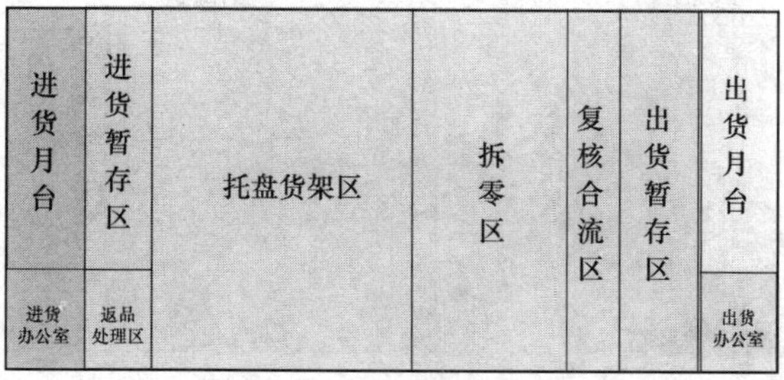

图 1-5　I 形动线

3. L 形动线

L 形动线如图 1-6 所示。

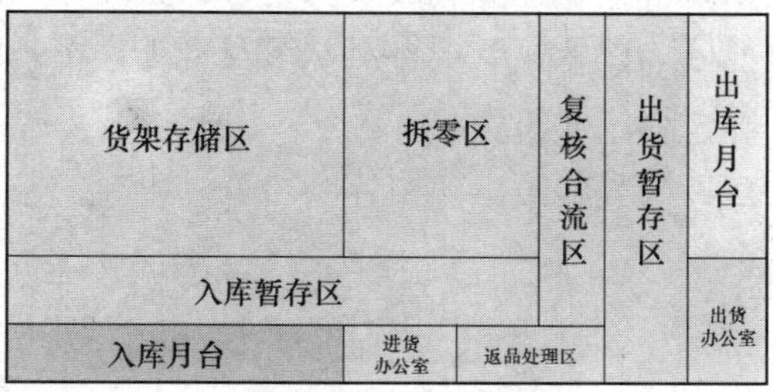

图 1-6　L 形动线

任务实施

步骤一：将全班同学按 4～6 人一组，分成若干组，自选组长。

根据全班同学的情况进行分组，由各组自选组长，并报科任教师。由组长对本组成员进行分工，并组织本组同学完成步骤二～五，科任教师在旁边进行辅导。

步骤二：介绍 1 号仓库各个区域。

小组讨论后派代表介绍 1 号仓库各个区域。要求说出各个区域（见图 1-7）的名称和功能等。

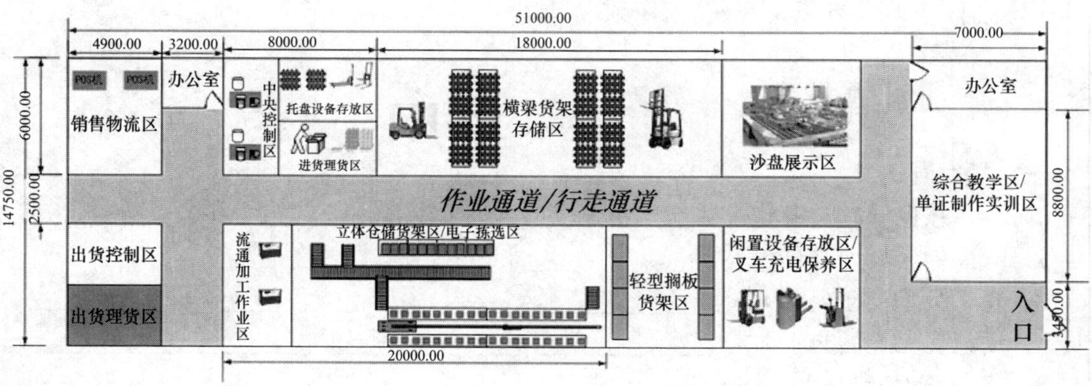

图 1-7　仓库各个区域

步骤三：根据仓库动线特点，结合 1 号仓库的情况，设计并绘制该仓库作业的布局图（见图 1-8）。

图 1-8　仓库作业布局

步骤四：各组组长对本组成员进行评分，每组派 1 名代表为其他组评分。

组长根据小组成员的团队合作和任务完成情况进行评分；各组评分代表进行评分，评分代表所评的平均分为该组得分。评分代表不得对本组发言进行评分。

步骤五：教师点评，评定各组等级。

科任教师对各组进行点评，教师给出各组评分。

项目评价

小组名称		成员名字				
考评标准	考评项目	分值/分	组内评分	他组评分	教师评分	实际得分
	说出仓库各个区域的名称	25				
	说出仓库各个区域的功能	15				
	描述该仓库动线特点	10				
	设计仓库布局图	25				
	绘制仓库布局图	25				
合　计		100				

注：实际得分=组内评分×30%+他组评分×30%+教师评分×40%。

巩固提高

一、填空题

1．仓库按保管方式来分，可分为 ________、________、________ 和 ________。

2．仓库的区域动线有________、________ 和 ________。

3．仓库保管区的布置形式有 ________、________、________ 和 ________。

4．动线优化遵循的原则是 ________________________________。

5．7S 管理是指整理 ________、________、________、________、________、________、________。

二、判断题

1．仓库作业的通道宽度一般为 1m。（　　）

2．仓库的墙间距宽度一般为 0.5m 左右。（　　）

3．仓库管理人员的办公场所都在库内。（　　）

4．仓库内的货物暂存区属于保管区。（　　）

5．搬运来的货物在暂存区处等待上架。（　　）

三、选择题

1．水面仓库主要用于（　　）的收发与储藏。

A．动物　B．粮食　C．原木　D．钢材

2．以下哪一项不属于非保管区？（　　）

A．通道　B．收发货区　C．货物暂存区　D．货物存储区

3．按用途分类，仓库可以分为（　　）。

A．自有仓库　B．营业仓库　C．公共仓库　D．危险品仓库

4．按保管条件分类，仓库可以分为（　　）。

A．冷藏仓库　B．危险品仓库　C．水面仓库　D．恒温仓库

5．仓库的布置要遵循哪些原则？（　　）

A．提高仓库空间利用率　B．提高货物的保管质量

C．方便作业　D．降低成本

四、操作题

请画出仓库区域的 U 形动线。

知识能力提升

7S 管理

7S 管理是在 5S 管理的基础上完善而来的，在 5S 的基础上加上了安全和节约。7S 是整理（Seiri）、整顿（Seiton）、清扫（Seiso）、清洁（Seiketsu）、素养（Shitsuke）、安全（Safety）和节约（Save）这 7 个词的缩写，因为这 7 个词英文中的第一个字母都是 S，所以简称为 7S。开展以整理、整顿、清扫、清洁、素养、安全和节约为内容的活动，称为 7S 活动。

7S 活动是企业现场各项管理的基础活动，它有助于消除企业在生产过程中可能面临的各类不良现象。7S 活动在推行过程中，通过开展整理、整顿、清扫等基本活动，使之成为制度性工作，最终提高工作的职业素养。因此，7S 活动对企业的作用是基础性的，也是不可估量

的。7S 活动是环境与行为建设的工作，它能有效地解决工作场所凌乱、无序的问题，有效提升个人行动能力与素质，有效改善文件、资料、档案的管理状态，有效提升工作效率和团队业绩，使工序简洁化、人性化、标准化。

职业素养提升

2014 年 11 月 16 日，天津的一圆通仓库起火，大量包裹被烧毁，其中绝大部分是网友“双十一”购买的商品。圆通方面表示，受损包裹将会逐一进行赔偿。

据悉，本次烧毁的包裹，基本上都是 11 月 13 日下午和 14 日上午到站的快递。圆通微博表示，经邮政管理局现场检查询问，此场火灾是由于隔壁一家商铺电路老化起火，波及此网点，现场没有人员伤亡。网点负责人积极与客户协商，处理快件的赔偿问题。

2014 年年底出现过几乎相同的情况，位于浙江省湖州市吴兴区环渚乡七幸路的圆通快递仓库发生火灾。仓库内大部分快递被烧毁，3 名厂区员工为抢救快递物资而被浓烟熏倒。

根据以上案例，结合 7S 中的安全要素，浅谈 7S 管理对仓库保管的重要性。

项目二　初识仓储作业流程

项目描述

在上个项目中，刚入职佳通物流公司的小明、小李、小白熟悉了仓库和仓库的区域划分。看着各个区域的老员工们利用各种设备工具进行仓储作业，他们也跃跃欲试。本项目就是让大家了解仓储作业的过程。

要完成这个项目，可以通过以下几方面的学习。首先，我们要了解各个仓库区域中的主要仓储设备；其次，我们要学习仓储作业的整个过程。

本项目包括两个任务：认识仓储设备；绘制仓储作业流程。

项目目标

1. 知识目标

（1）认识各种仓储设备。

（2）掌握仓储作业的基本流程。

（3）了解仓储作业各个岗位的工作内容和要求。

2. 技能目标

（1）认识各种仓储设备。

（2）掌握仓储作业基本流程。

（3）完成对仓储作业中某一岗位的模拟。

3. 职业素养目标

（1）掌握仓储作业的操作要求。

（2）提高仓储作业的岗位素养。

任务一　认识仓储设备

任务描述

1. 认识主要的仓储设备，能在教师的辅导下说出不同类型的仓储设备名称及基本功能。

2. 各小组讨论学习后，依次在 1 号仓库进行认知比赛，通过一问一答的形式，看谁描述的仓储设备数量又多又准确。

任务准备

一、仓储设备的概念

仓储设备是指仓储进行作业、辅助作业以及保证仓库作业安全所配备的各种机械设备的总称。

仓储设备是仓储活动的物质基础。随着社会的发展，仓储功能要求进一步提高，仓储的性能也在不断提升，逐渐出现了大量的新型设备。

二、仓储设备的分类

按主要用途和特征划分，仓储设备可分为存储设备、装卸搬运设备、包装设备、计量检验设备、信息采集设备及其他设备六大类。

1．存储设备

存储设备是用于储存、保管作业的设备，主要包括各种货架、托盘、集装箱等。常见的存储设备见表 1-1。

表 1-1　常见的存储设备

序　号	设备名称		设备图片
1	货架	重型货架	
2		流利式货架	
3		轻型货架	
4	托盘	川字形木托盘	
5		川字形塑料托盘	

（续）

序　号	设备名称		设备图片
6	托盘	九底塑料托盘	
7	集装箱	货柜	

2. 装卸搬运设备

在仓储作业系统中，装卸搬运作业的工作量和所花费的时间，耗费的人力、物力占有很大的比重。为了高效、及时、安全地完成装卸搬运作业，必须合理地配置、选择装卸搬运设备。常见的装卸搬运设备包括手动液压搬运车、堆高车、电动搬运车、手推车等，具体见表 1-2。

表 1-2　常见的装卸搬运设备

序　号	设备名称		设备图片
1	水平搬运设备	手动液压搬运车	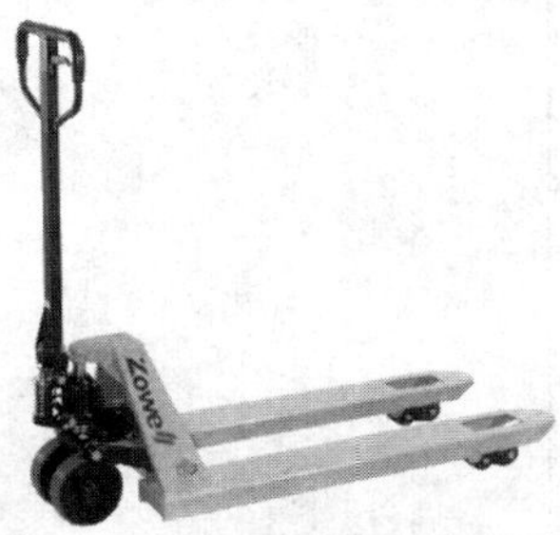
2		电动搬运车	
3		手推车	

（续）

序号	设备名称		设备图片
4	垂直搬运设备	手动液压堆高车	
5		半电动堆高车	
6		电动堆高车	
7		叉车	

3. 包装设备

包装设备是指能完成全部或部分产品和商品包装过程的设备，包括胶带切割器、手动打包器、半自动打包机、自动打包机等，具体见表 1-3。

表 1-3　常见的包装设备

序　号	设备名称	设备图片
1	胶带切割器	
2	手动打包器	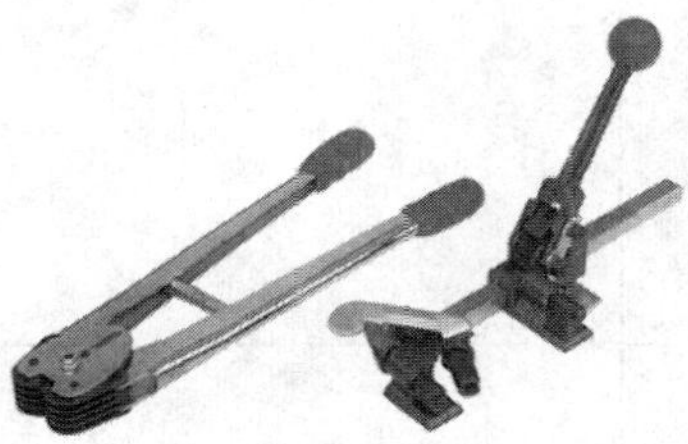
3	半自动打包机	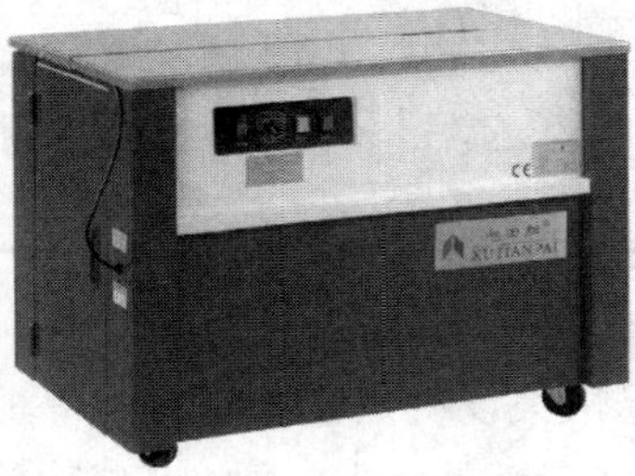
4	自动打包机	

4．计量检验设备

计量检验设备是在商品的入库验收、在库验查和出库交接过程中使用的度量衡称量设备和量具及检验商品的各种仪器仪表，包括磅秤、电子案秤、卷尺等，具体见表 1-4。

表 1-4　常见的称量设备

序　号	设备名称	设备图片
1	磅秤	
2	电子案秤	
3	卷尺	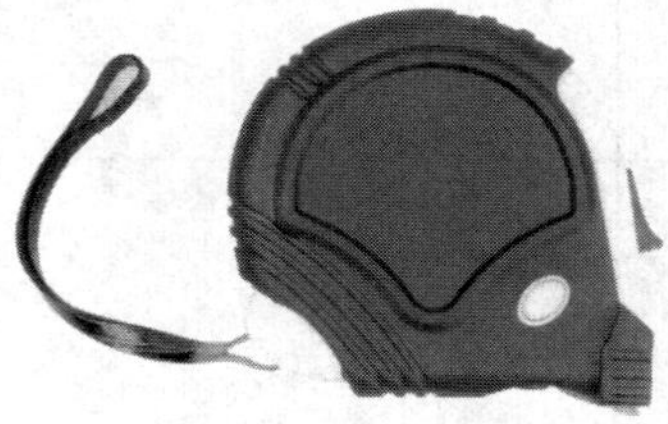

5. 信息采集设备

信息采集设备是在仓储作业中利用信息技术进行信息采集辅助作业的设备，包括 RF 手持终端、RFID 阅读器、激光扫描枪等，具体见表 1-5。

表 1-5　常见的信息采集设备

序　号	设备名称	设备图片
1	RF 手持终端	

（续）

序　号	设 备 名 称	设 备 图 片
2	RFID 阅读器	
3	激光扫描枪	

6. 其他设备

除以上几种设备外，其他仓储设备还有仓储安全设备和养护设备。仓储安全设备是指根据储存商品的种类配备相应的消防设备，常见的有消火栓和灭火器等。另外，为了保证仓库货物的安全，还需要有防盗报警系统。常见的养护设备有吸尘器、擦锈机、烘干机、温度控制器、格式电扇、普通加罩电灯、暖气装置等。

任务实施

步骤一：将全班同学按 4～6 人一组，分成若干组，自选组长。

根据全班同学的情况进行分组，由各组自选组长，并报科任教师。由组长对本组成员进行分工，并组织本组同学完成步骤二～四，科任教师在旁边进行辅导。

步骤二：各小组讨论学习后，依次在 1 号仓库进行认知比赛。

比赛采取互相点选设备问答的方式，每组派代表进行一对一的测试，一位同学点选设备，一位同学回答设备名称，并描述设备功能，看谁在规定时间内（1分钟）回答正确的数量多。

步骤三：各组组长对本组成员进行评分，每组各派 1 名代表为其他组评分。

组长根据小组成员的团队合作和任务完成情况进行评分；各组评分代表进行评分，评分代表所评的平均分为该组得分。评分代表不得对本组发言进行评分。

步骤四：教师点评，评定各组等级。

科任教师对各组进行点评，给出各组评分。

任务二　绘制仓储作业流程

任务描述

根据对仓储流程的理解，绘制仓储作业流程图，并在所有仓储岗位中挑选一个自己最喜欢的岗位，说出任职该岗位所须具备的职业技能与知识储备。

任务准备

一、仓储的概念

仓储，即利用仓库及相关设施设备进行物品的入库、储存、出库的活动。仓储是物流领域的一个中心环节，在物流领域中起着缓冲、调节、集散和平衡的作用。

二、仓储作业流程

仓储作业是指从货物的入库开始到出库结束，按需要把货物全部完好地发送出去的整个过程。仓储作业流程有许多种，基本作业流程包括入库作业、在库管理、出库作业三个阶段。

入库作业活动主要包括入库订单处理、入库验收、入库理货、入库搬运和入库上架。

在库管理主要包括盘点作业、流通加工和补货作业。当出库作业的货品需要进行组合加工时，就会产生流通加工作业。当分拣区零散出库货品数量不足，而保管区整箱货物有库存时，就会产生库内的补货作业。

出库作业活动主要包括出库订单处理、分拣作业、整箱出库作业、零散出库作业、配载作业。

三、主要的仓储作业岗位

主要的仓储作业岗位见表 1-6。

表 1-6　主要的仓储作业岗位

项　目	岗　位	岗位工作内容	岗 位 要 求
入库作业	信息员	1. 到达货物的预检 2. 制作采购单、入库单、储位分配单、盘点单、移库单、退货单、出库单等单证	1. 熟悉办公软件的操作 2. 熟悉公司仓储管理信息系统的操作 3. 熟悉公司的收发货流程 4. 熟练使用打印机等设备
	装卸工	1. 运用合适的装卸搬运工具卸货 2. 搬运货物至暂存区 3. 对货物进行合适的暂时堆叠	1. 熟悉货物装卸搬运工具的性能和安全操作 2. 能识别货物外包装的标识、标记 3. 熟悉堆码的技术和形式等

（续）

项　　目	岗　位	岗位工作内容	岗位要求
入库作业	验收员	1．核对单证 2．清点数量、检查外包装、抽检质量 3．处理问题货物	1．能对外包装进行基本的感官验货 2．能运用简单的仪器（如 RF 等）进行数量验收 3．熟悉公司的验收流程 4．会填制验收单证
	理货员	1．单货核对 2．货物入库上架存放	1．熟练掌握货物分类知识 2．熟悉仓库库区的划分 3．熟练掌握 RF 终端入库上架操作 4．熟悉库区储位编码知识 5．熟练掌握电动托盘叉车操作技术
保管作业	仓管员	1．仓库的温度和湿度管理 2．货物的保养、存储、养护 3．安全管理 4．盘点库存货物	1．能使用温度和湿度计，能根据库内外温度和湿度差异和天气状况，采取合理的温度和湿度控制方法 2．能使用不同的清洁工具做好库内外卫生工作 3．掌握基本的货物保护方法 4．熟悉防火安全制度，掌握消防器材的使用方法 5．掌握常见的盘点方法，能填制盘点单，处理盘点差异
出库作业	补货员	1．照单取货 2．货物搬运 3．补货上架	熟悉货物装卸搬运工具的性能和安全操作
	拣货员	1．根据拣货单拣取货物 2．搬运货物至合流区	1．掌握常用的几种拣货方式 2．熟悉电子标签辅导拣货系统的操作 3．熟悉货物搬运工具的性能和安全操作
	复核员	1．复核出库货物，确认数量、包装、名称等信息与单证是否一致 2．合流作业，搬运货物至暂时出库区	1．熟悉公司的复核流程 2．能处理复核差异事项 3．掌握 RF 的操作方法 4．掌握货物搬运工具的性能和安全操作
	出货员	1．核对出库凭证与装车单 2．核对出货凭证与货物	1．熟悉公司的出库流程 2．能处理差异事项 3．掌握装车方法

任务实施

步骤一：将全班同学按 4～6 人一组，分成若干组，自选组长。

根据全班同学的情况进行分组，由各组自选组长，并报科任教师。由组长对本组成员进行分工，并组织本组同学完成步骤二～五，科任教师在旁边进行辅导。

步骤二：各组讨论，根据对仓储作业流程的理解，绘制仓储作业流程图，并进行展示介绍。

步骤三：根据仓储作业岗位的特点，各组成员挑选自己喜欢的岗位，并尝试说出该岗位须掌握的知识技能。

步骤四：各组组长对本组成员进行评分，每组派 1 名代表为其他组评分。

组长根据小组成员的团队合作和任务完成情况进行评分；各组评分代表进行评分，评分代表所评的平均分为该组得分。评分代表不得对本组发言进行评分。

步骤五：教师点评，评定各组等级。

科任教师对各组进行点评，给出各组评分。

项目评价

小组名称		成员名字				
考评标准	考评项目	分值/分	组内评分	他组评分	教师评分	实际得分
	说出仓库设备的名称和功能	15				
	说出对仓储流程的理解	15				
	绘制仓储作业流程图	20				
	说出仓储岗位的工种	10				
	挑选喜欢的岗位，并说出自己所选岗位所需技能	10				
	语言表达	15				
	团队合作	15				
合　计		100				

注：实际得分=组内评分 ×30%+他组评分×30%+教师评分×40%。

巩固提高

一、填空题

1. 按主要用途和特征划分，仓储设备可分为 ________、______________、______________、______________、______________ 和 ______________。

2. 信息采集设备包括 ________________、___________ 和 ______________________。

3. 仓储作业流程包括 ________________、___________ 和 ______________________。

二、判断题

1. 货架是存储设备的一种。（　）

2. 消火栓不是仓储设备。（　）

3. 装卸工需要熟悉堆码的技术和形式。（　）

4. 仓库管理员必须通过培训才能获得从业资格证书。（　）

5. 在库管理活动主要包括盘点作业和补货作业。（　）

6. 仓储作业的每个岗位所需人员的要求都不一样。（　）

三、选择题

1. 以下不属于装卸设备的是（　）。

A. 手推车　B. 集装箱　C. 液压托盘搬运车　D. 堆高车

2. 以下哪一项属于在库管理活动？（　）

A. 盘点　B. 订单处理　C. 分拣　D. 储配

3．负责制作各种单证的是（　　）岗位。

A．验收员　B．拣货员　C．复核员　D．信息员

4．以下哪些属于计量检验设备？（　　）

A．磅秤　B．电子案秤　C．卷尺　D．激光扫描枪

5．出库作业包括（　　）。

A．订单处理　B．分拣　C．理货　D．储配

四、操作题

请画出仓储作业流程图。

知识能力提升

仓储管理员职业资质要求

1．基本条件

（1）具有仓储、物流专业中专以上学历，经考核合格取得证书。

（2）具有非仓储、物流专业中专（高中）以上学历，经过培训并考核合格取得证书。

（3）无论学历如何，从事仓储管理一线操作工作2年以上，经过培训，并考核合格取得证书。

2．基本技能

（1）按照有关规范，准确地进行日常的物品收、发、保管业务；根据订单进行分拣、拆零、加工、包装、备货等作业。

（2）准确地填表、记账和盘点对账。

（3）合理地选择仓储设备。

（4）合理地进行分区分类、货位编号和堆码苫垫。

（5）用感官和其他简易方法鉴别物品的一般质量，正确记录和合理调节库房温度和湿度。

（6）对库存物品进行一般性的保管和养护。

职业素养提升

小李和小张都是某电子商务企业物流部的员工，都是某中职学校物流专业的优秀毕业生，刚入职不到三个月。临近年末，物流部经理蔡某认为小李和小张是物流科班毕业的优秀学生，便将物流部本年度的数据和大事纪要提供给小李和小张，让其撰写物流部的年度报告。

如果你是小李或小张，你打算如何撰写年度报告？

模块二

入库作业

项目一　入库单证处理

项目描述

从这个项目开始，同学们要正式上岗操作了，进行入库作业岗位的实践。按照作业流程，首先要进行的是“入库单证的制作”。那么，制作入库单证需要用到哪些设备和软件系统？如何处理单据？操作流程是怎样的？

这个项目主要由信息员小李完成，可以通过以下几个方面来学习。首先，要了解仓储管理系统（WMS）的基本界面功能，掌握系统的基本操作。然后，利用仓储管理系统完成入库单的制作。

此项目包含两个任务：认识仓储管理系统；制作入库单。

项目目标

1. 知识目标

（1）认识仓储管理系统（入库作业、仓储客户、供应商、储位等信息管理）。

（2）掌握仓储入库单证操作流程。

2. 技能目标

（1）核对验收单据（送货单、入库通知单）。

（2）根据入库通知单，制作入库订单。

3. 职业素养

（1）入库单据核对职业素养。

（2）入库订单制作职业素养。

任务一　认识仓储管理系统

任务描述

1. 各小组讨论并尝试操作实训室的仓储管理系统，派代表解说仓储管理系统的基本界面组成。

2. 各小组成员依次操作仓储管理系统，实现操作员、商品、供应商、储位等数据和后台的维护。

任务准备

一、仓储管理系统的概念及功能

仓储管理系统（Warehous Management System，WMS），是用来管理仓库内货品信息的软件系统。仓储管理系统包括以下几项功能：

（1）打印仓储作业中的相关单据，如入库单、出库单、盘点单等。

（2）对货品信息进行管理，如货品的供应商数据、货品的出入库数据、在库数据等。

（3）为领导提供决策支持。

二、仓储管理系统的构成

一般来说，仓储管理系统包括：基本信息模块；以实现出入库管理为主线的仓储作业功能模块；查询模块；挖掘数据并进行统计分析的分析模块；系统设置与维护模块等。

本书以上海环众物流有限公司现代物流中心作业（仓储进出库比赛）系统为例进行阐述，其系统框架如图 2-1 所示。

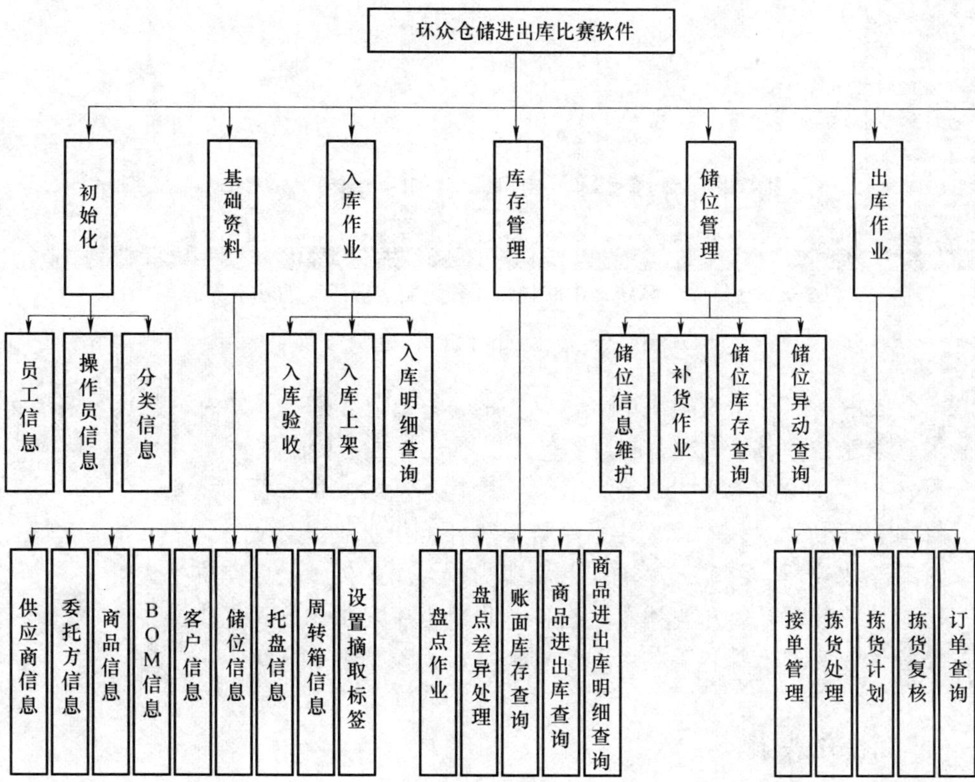

图 2-1　上海环众物流有限公司开发的仓储系统软件

三、仓储管理系统的基本界面

仓储管理系统的基本界面与其他功能软件类似，包括标题栏、菜单栏（左侧）、工具栏、状态栏和信息窗口。仓储管理系统（中职物流技能大赛专业版）的基本界面如图 2-2 所示。

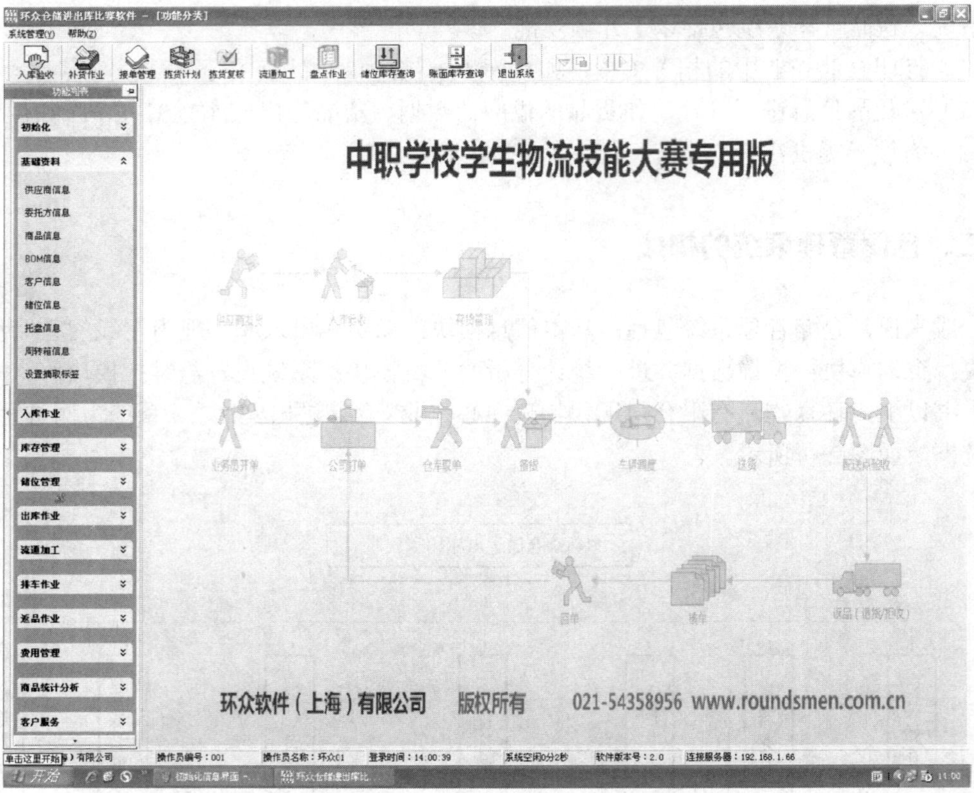

图 2-2　仓储管理系统（中职物流技能大赛专业版）的基本界面

➲小知识

目前，全国中等职业学校物流中心作业使用的系统为北京络捷斯特科技发展有限公司开发的物流教学系统软件 V2.20。该系统包括以下几个主要功能模块:

（1）数据初始化：实训前对货品、货位、库存等基础数据进行初始化。

（2）订单管理：录入入库订单、出库订单和补货作业数据。

（3）入库作业管理：打印入库单、入库理货、入库上架、入库完成操作。

（4）出库作业管理：打印出库单、出库拣货、出库理货、出库完成操作。

（5）补货作业管理：补货下架、补货上架完成操作。

任务实施

步骤一：将全班同学按 4～6 人一组，分成若干组，自选组长。

根据全班同学的情况进行分组，由各组自选组长，并报科任教师。由组长对本组成员进行分工，并组织本组同学完成步骤二～五，科任教师在旁边进行辅导。

步骤二：介绍本实训室所使用的仓储管理系统的基本界面。

各组尝试进入仓储管理系统基本界面，讨论完成图 2-3 的填写，利用投影仪展示，对仓储管理系统，包括主要子菜单实现的功能等进行简短的介绍。

步骤三：操作仓储管理系统实现数据和后台维护。

各小组选用两台计算机，登录仓储管理系统，按照操作步骤（见表 2-1），依次进行后台数据维护，包括操作员、商品、供应商、储位的增添和修改，反复练习，并评价完成质量和测试速度。

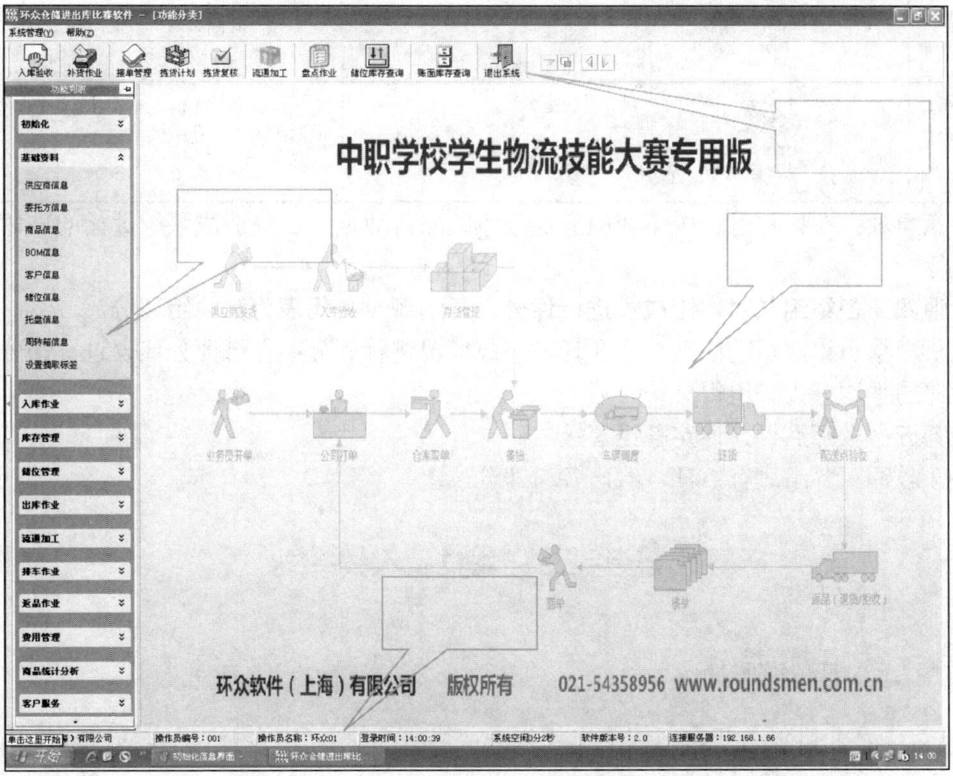

图 2-3　仓储管理系统

表 2-1　利用仓储管理系统实现数据和后台维护操作步骤参考

序　　号	步 骤 图 示	步 骤 说 明
1	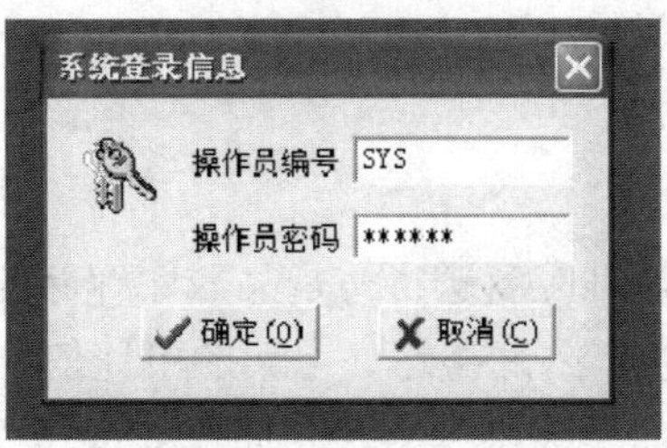	双击“环众仓储作业系统”图标，启动系统，用系统账号登录
2	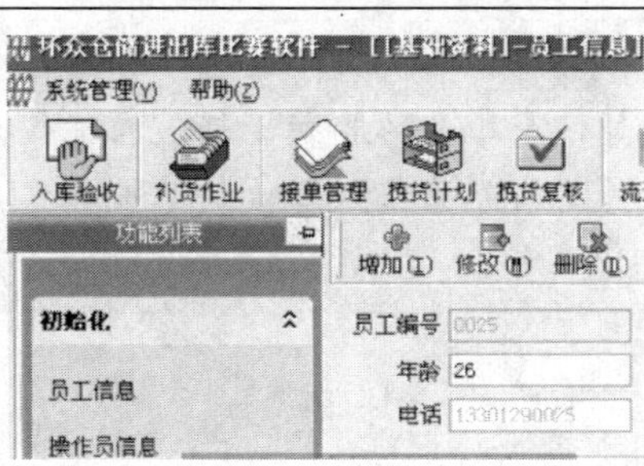	单击“初始化”菜单，进入初始化界面；在其子菜单中选择需要增加或修改的信息；在右侧子窗口中，单击“新增”工具菜单，用自己的姓名和学号增加“操作员”等信息；完成后单击“保存”按钮

（续）

序　号	步 骤 图 示	步 骤 说 明
3	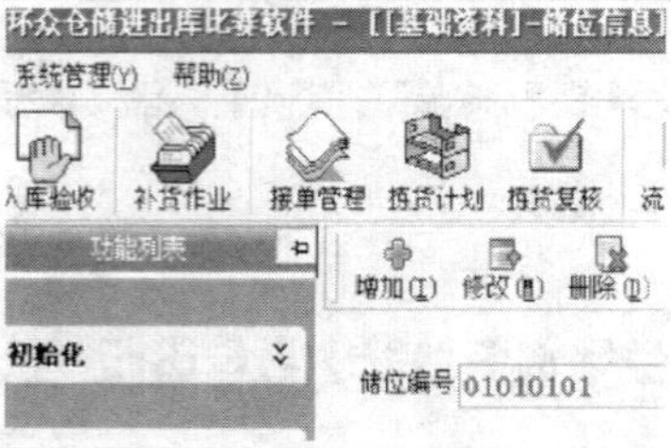	单击“基础资料”菜单；在其子菜单中选择需要增加或修改的信息；在右侧子窗口中，单击“新增”工具菜单，以提供的货品为依据，增加“商品”“供应商”“客户”等信息；完成后单击“保存”按钮

注意事项：在操作过程中不要随意更改系统原有数据，以免造成系统数据的破坏，影响系统运行。

步骤四：各组组长对本组成员进行评分，每组派 1 名代表为其他组评分。

组长根据小组成员的团队合作和任务完成情况进行评分；各组评分代表进行评分，评分代表所评的平均分为该组得分。

步骤五：教师点评，评定各组等级。

科任教师对各组进行点评，给出各组评分。

任务二　制作入库单

任务描述

1. 各组成员根据教师提供的若干送货单，比较入库通知，进行单据核对，筛选出有效单据，从而认识入库通知单、入库单。

2. 各组成员根据筛选出的有效单据，操作仓储管理系统，完成入库单的制作和打印，并将入库单交至仓管员（教师或学生扮演）。

任务准备

一、入库订单处理

入库订单处理是物流企业仓储的开始，是供应商送货与货品入库存储的过渡阶段，起着承前启后的关键作用，是后续的卸货验收、理货、入库搬运、上架的单证信息准备阶段，它的完成质量不仅决定着入库作业能否正常开展，而且关系到整个仓储作业过程能否顺利进行。

➲小知识

这个环节的岗位角色是信息员，也就是信息中心预检员。岗位技能要求包括熟悉办公软件（如 Word、Excel 等）的操作；熟悉公司信息系统入库模块的操作；熟悉公司的收货流程；熟练使用打印机等设备。

二、入库主要单据

入库通知单是信息员进行入库单证处理的依据，由供应商事先发送至物流中心。它与送货员递交的送货单信息内容应该一致。常见的入库通知单如图 2-4 所示。

入库通知单

客户指令号：RK2013031501

仓库：佳通1号库房　　客户名称：实训客户

货品条码	货品名称	规格	单位	数量	批次	备注
6923555218482	汇源纯净水		箱	30	20130301	

图 2-4　常见的入库通知单

送货单是送货车辆的驾驶人或送货人员随车携带的说明委派企业和货物等信息的凭证。它是收货人签收货物的重要凭证，一般包含客户名称，送货单号，送货日期，货品名称、规格、单位、数量、单价、金额，送货人，签收人等信息。常见的送货单如图 2-5 所示。

送 货 单　No

收货单位＿＿＿＿＿＿

地　址＿＿＿＿＿＿　电话＿＿＿＿＿＿　年　月　日

货号	名称及规格	单位	数量	单价	金　额
合计人民币	佰　拾　万　仟　佰　拾　元　角　分 ¥＿＿＿＿				

①存根(白)②顾客(红)③回单(黄)

收货单位及经手人：　送货单位及经手人：　制单：

图 2-5　常见的送货单

入库单即入库验收单，是信息员核对入库信息后制作的入库单据，是仓管员进行入库作业的依据。常见的入库单如图 2-6 所示。

入库验收单

打印日期：2014-06-04 11:12:25

验收单号 1406040001　　采购单号：　　供应商：0001-上海天喔食品有限公司

序号	商品编号	商品条码	商品名称	规格	预收		实收		备注
					箱数	零散	箱数	零散	
1	10370011	6917878006604	康师傅冰红茶	12×（5×30g+2）	23	0			
合　计					23	0			

制单日期：2014-06-04 11:12:22　　制单人：＿＿＿＿＿＿　　验收人签字：＿＿＿＿＿＿

图 2-6　常见的入库单

三、单据核对

送货车辆到库后，送货人员首先向信息员投递送货单，信息员根据送货单的相关内容进行单据的核对。

1．送货单与厂家到货通知（或企业的采购单或合同）核对

（1）查看送货单位是否正确有没有送错货。

（2）查看货物名称、编码、数量、重量、规格、交货期限等内容与本企业采购部门下达的订单内容是否一致。

2．相关验收货物资质材料的检验

相关验收货物资质材料包括《出境货物运输包装性能检验结果单》《出境木质包装熏蒸/热处理结果及核销单》等。

任务实施

步骤一：将全班同学按4～6人一组，分成若干组，自选组长。

根据全班同学的情况进行分组，由各组自选组长，并报科任教师。由组长对本组成员进行分工，并组织本组同学完成步骤二～五，科任教师在旁边进行辅导。

步骤二：核对单据。

各组成员根据教师提供的若干送货单，比较入库通知（样表如图2-7所示），进行单据核对操作，筛选出有效单据。无效单据包括日期时间不对、货品危险等单据。

入库通知单

客户指令号：RK2013031501

仓库：佳通1号库房　　　　客户名称：上海天喔食品有限公司

货品条码	货品名称	规格	单位	数量	批次	备注
6917878006604	康师傅冰红茶	12	箱	30	20130301	

图2-7　入库通知单（题目样表）

步骤三：根据以下入库通知单，完成入库单的制作。

各组至少2人一台计算机，操作仓储管理系统，根据筛选出的有效入库通知单，按照操作步骤（见表2-2）制作并打印入库单，再将入库单交至仓管员（教师或学生扮演）。

表2-2　入库单制作步骤参考

序　号	步骤图示	步骤说明
1	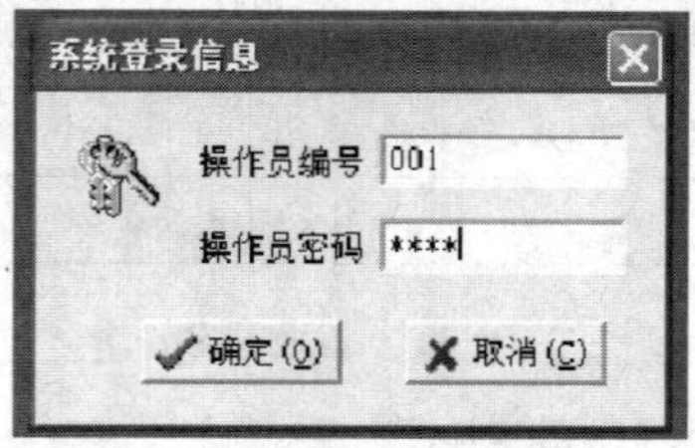	单击“环众仓储系统”图标，启动仓储系统，用自己的操作员账号和密码登录

（续）

序　　号	步 骤 图 示	步 骤 说 明
2	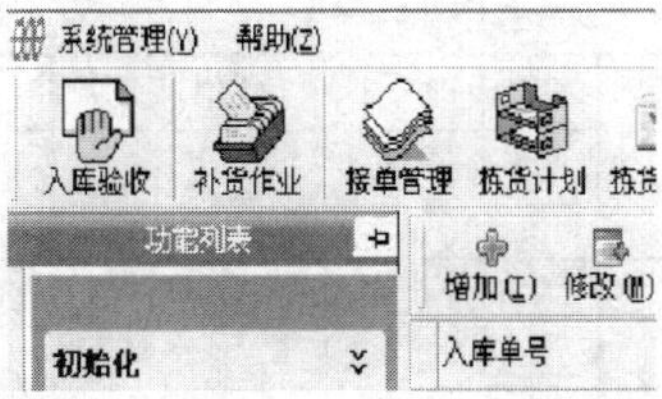	单击工具栏中的“入库验收”项，然后单击子窗口工具栏中的“添加”项
3	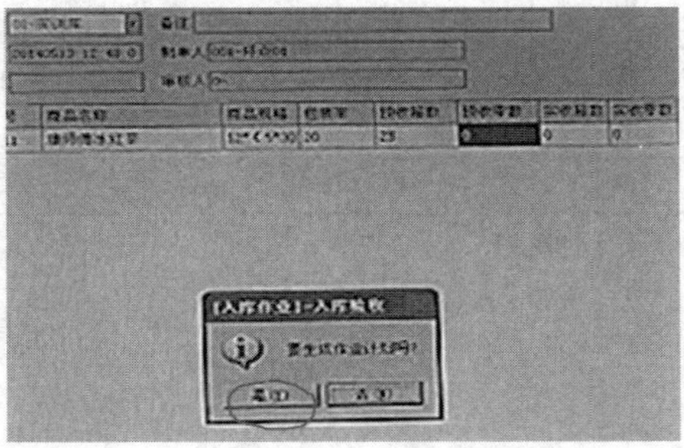	根据“入库通知单”，将子窗口中的信息填写完整，单击“保存”按钮，然后单击“生成作业计划”按钮
4	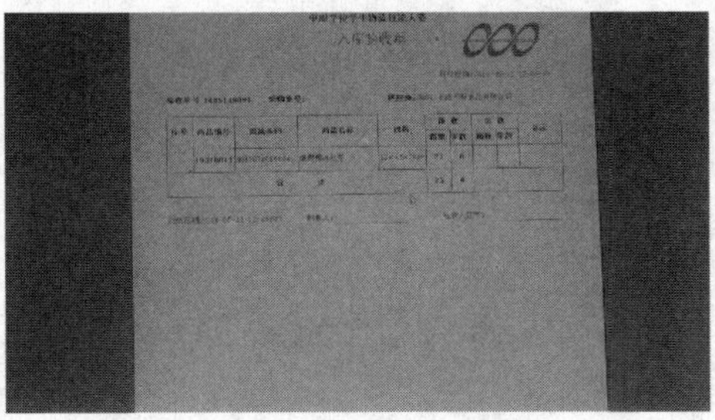	进行打印预览，确认无误后执行打印
5		完成入库验收单的制作

注意事项：在操作过程中，填写完成后不要忘记单击“保存”和“生成作业计划”按钮。

步骤四：各组组长对本组成员进行评分，每组派 1 名代表为其他组评分。

组长根据小组成员的团队合作和任务完成情况进行评分；各组评分代表进行评分，评分代表所评的平均分为该组得分。

步骤五：教师点评，评定各组等级。

科任教师对各组进行点评，给出各组评分。

项目评价

小组名称		成员名字				
考评标准	考评项目	分值/分	组内评分	他组评分	教师评分	实际得分
	解说仓储管理系统基本界面的组成	20				
	操作仓储管理系统实现数据和后台维护	20				
	操作仓储管理系统完成入库单的制作	30				
	语言表达	15				
	团队合作	15				
合　计		100				

注：实际得分=组内评分×30%+他组评分×30%+教师评分×40%。

巩固提高

一、判断题

1. 仓储管理系统的简称为 TMS。（　　）

2. 订单处理是仓储作业的开始。（　　）

3. 入库单是信息员入库信息处理的依据。（　　）

4. 入库通知单是证明收货人签收货物的重要凭证，一般包含客户名称，送货单号，送货日期，货品名称、规格、单位、数量、单价、金额，送货人，签收人等信息。（　　）

5. 入库单即入库验收单是信息员核对入库信息后制作的入库单据，它是仓管员进行入库作业的依据。（　　）

二、单选题

1. （　　）是送货车辆的司机或送货人员随车携带的说明委派企业和货物等信息的凭证。

A．入库通知单　B．入库单　C．送货单　D．货物清单

2. 入库单是仓管员进行(　　)的依据。

A．入库作业　B．入库订单制作　C．入库信息处理　D．搬运货物

3. 信息员根据送货单的相关内容进行单据的核对，不包括（　　）。

A．货物名称　B．货物编码　C．货物数量　D．货物质量

三、多选题

1. 仓储信息管理的主要功能包括（　　）

A．单证管理　B．货品信息管理　C．决策支持　D．设备控制

2. 信息员岗位技能要求包括（　　）

A．熟悉办公软件（如 Word、Excel 等）的操作

B．熟悉公司信息系统预检模块的操作

C．熟悉公司的收货流程

D．熟练使用打印机等设备

3. 一般来说，仓储信息系统的模块有（　　）。

A. 基本信息模块　　B. 查询模块

C. 出入库管理模块　　D. 系统分析模块

E. 设置与维护模块

知识能力提升

储位分配的原则

在入库订单处理的过程中，如果系统不是自动分配储位，那么就需要信息员根据储位分配的原则进行货物的储位分配。储位分配主要包括以下四个原则：

（1）周转量原则：周转量高的货物尽量离出库口近。

（2）重量原则：较重的货物、液体货物尽量放在货架下层。

（3）尺寸原则：体积较大的货物尽量放在货架下层。

（4）先进先出原则：先保管或离保质期近的货物先出库。

职业能力提升

仓储岗位具有时间不固定、持续性长的特性，有时候要在节假日或非正常上班时间进行工作。鉴于该岗位的特殊性，某物流公司在公司员工准则中对于加班工资做出了如下规定：晚上加班为白天上班工资的1.5倍，周末及节假日加班为正常上班工资的2倍。该规定制定的初衷是奖励加班人员，但是最近该企业负责人发现，很多员工特别是仓储部门白天工作拖沓，上班时间不抓紧工作，反而把本该在上班时间做的工作故意拖到加班时间完成，以赚取加班费用。

（1）这些员工的行为对吗？如果不对，错在哪里？

（2）你能帮公司的管理人员想想杜绝这种现象的方法吗？

项目二　入库验收作业

项目描述

在上一个项目中，信息员小李完成了“入库订单的处理”，将打印的入库验收单交给仓管员小明。接下来，仓管员小明需要进行“入库验收作业”。他可以通过以下几个任务来学习“入库验收作业”。首先，学习使用磅秤、电子秤等工具进行货物的称重；然后，对货品的数量和质量进行验收；最后，将验收结果在入库验收单上说明，交接给送货人员或供应商代表。

此项目包含两个任务：入库货物称重；验收货品质量和数量。

项目目标

1. 知识目标

(1) 认识磅秤等称重工具。

(2) 了解入库验收的基本要求（及时、准确、严格和经济）。

(3) 了解验收异常问题及其处理方法。

2. 技能目标

(1) 掌握称重工具的操作。

(2) 学会验收货品的数量、重量。

(3) 掌握验收货品质量的方法。

(4) 学会入库验收单的签收与交接。

3. 职业素养目标

提升入库验收作业职业素养

任务一　入库货物称重

任务描述

1. 通过任务准备，各组学生讨论，了解磅秤的组成，并派代表解说磅秤的基本结构.
2. 各组学生依次操作称重工具——磅秤，完成商品的称重验收。

任务准备

磅秤也称台秤，是秤的一种，通常由秤体、传感器和仪表三部分构成。固定的底座上有承重的托盘或金属板，广泛用于仓库、车间、货场、集贸市场等场合，适用于吊装货物称量、铲车铲放货物称量、小车搬运货物称量。磅秤的基本结构如图 2-8 所示，包括底座、承重板、立柱长杠杆、砣挂、游砣、秤砣等。

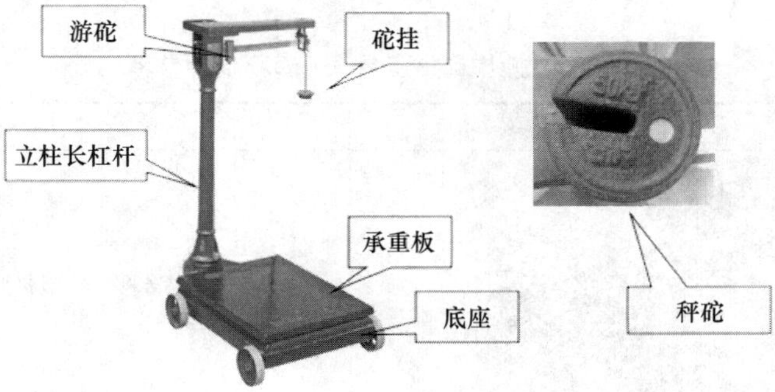

图 2-8　磅秤的基本结构（一）

➲小知识

电子案秤是一种在工作台案或柜台上使用的小型商用衡器。按结构和功能可分为普通案秤和电子计价秤两类，电子计价秤如图 2-9 所示。

图 2-9　电子计价秤

任务实施

步骤一：将全班同学按 4～6 人一组，分成若干组，自选组长。

根据全班同学的情况进行分组，由各组自选组长，并报科任教师。由组长对本组成员进行分工，并组织本组同学完成步骤二～五，科任教师在旁边进行辅导。

步骤二：解说磅秤的基本结构。

各组讨论完成磅秤的基本结构（见图 2-10）的填写，并将填写结果展示给大家看，对磅秤进行简短的解说，包括结构、种类和适用环境等。

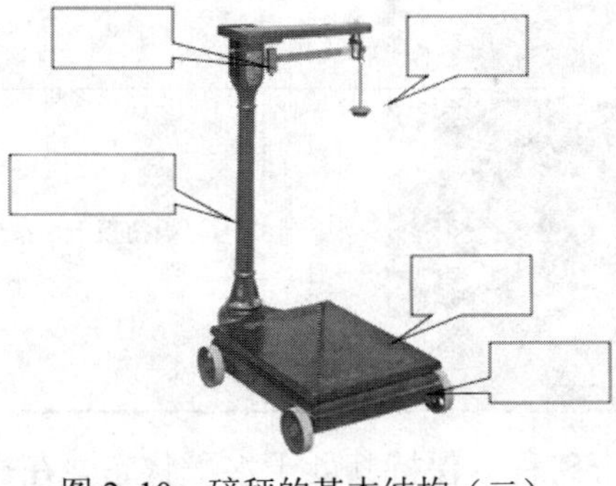

图 2-10　磅秤的基本结构（二）

步骤三：操作称重工具——磅秤。

各小组取一个磅秤，按照操作步骤（见表 2-3），依次进行入库货物的称重，评价操作的规范和准确性。

表 2-3　操作称重工具——磅秤步骤参考

序　　号	步骤图示	步骤说明
1		检查磅秤是否水平，零点是否准确
2		将货物放置于承重板上，轻取轻放，尽量将物品放置在承重板的中央位置
3		根据杠杆情况，增加或减少秤砣，移动游砣
4		读取数值，精确计量，被称物品的质量应等于游砣在计量杠杆的标量与砣挂上秤砣的标量之和
5		将扳钮扳下，按住秤砣放好，清洁秤体，将磅秤放置在妥当处

注意事项：使用前应检查磅秤，保持其处于水平状态。在操作过程中不应超称量使用，

以免损坏磅秤。若是称固定重量的物品，可先将秤砣放好，将游码放置在相应的位置，固定好，再行称量。

步骤四：各组组长对本组成员进行评分，每组各派1名代表为其他组评分。

组长根据小组成员的团队合作和任务完成情况进行评分；各组评分代表进行评分，评分代表所评的平均分为该组得分。

步骤五：教师点评，评定各组等级。

科任教师对各组进行点评，给出各组评分。

任务二　验收货品质量和数量

任务描述

1. 通过任务准备了解入库验收相关知识，各组讨论，派代表解说入库验收的内容和方法，并做演示。

2. 各组学生根据入库验收流程，依次验收入库货物的质量和数量。

任务准备

一、入库验收

验收是指在货物正式入库前，按照一定的程序和手续，对入库货物进行数量和质量检验的经济技术活动。验收的主要任务是查明到货的数量和质量状态，为入库和保管打基础，防止仓库和货主遭受不必要的经济损失，同时，对供货单位的产品质量和承运部门的服务质量进行监督。

二、验收内容

货物验收主要包括验收准备、核对凭证、实物检验、做出验收报告及验收中发现问题的处理。

三、验收方法

货物入库验收的主要方法包括视觉检验、听觉检验、触觉检验、嗅觉检验、味觉检验、测试仪器检验等。

> **➲小知识**
>
> 对于食品类货物，最好采用抽样验收的方法，以此来检查食品是否破损和变质等。当然，也要检查食品标签的内容真实度，包括名称、配料表、净含量、制造者、日期标志和储藏指南、质量等级及其他特殊标注内容等，切记检查食品是否已过保质期。

四、验收处理

1．单据不全

验收所需证件不齐全的，仓库有权拒收或暂时存放，到库物资作为待验物资处理，待证件齐全后再进行验收，若条件允许，也可提前验收。

2．单单不符

当遇到供货单位提供的质量证明书等与存货单位（货主）提供的入库单不符时，应立即通知货主，按货主提出的办法处理，并将全部事实及处理经过记录在案，以备查。

3．质量问题

凡出现规格、质量、保障不符合要求或在途中受损变质的，应先将合格品验收入库，不合格品分开堆放，进行详细记录，并立即通知货主与发货单位。若货主同意按实际情况验收入库，则应让货主在验收记录上签字盖章。

4．数量不符

若实际验收数量小于送验数量并小于合同中的磅差率，则以送验数量为验收数量；若实际验收数量大于送验数量，则以送验数量为验收数量；若实际验收数量小于送验数量并大于合同中的磅差率，则应经核实后立即通知货主。

5．有单无货

当出现有关单据已经到库，但在规定时间内物资未到的情况时，应及时向货主反映，以便查询。

6．错验

验收员在验收过程中发生数量、质量等方面的差错时，应及时通知货主，积极组织力量进行复验，及时更正。

任务实施

步骤一：将全班同学按 4～6 人一组，分成若干组，自选组长。

根据全班同学的情况进行分组，由各组自选组长，并报科任教师。由组长对本组成员进行分工，并组织本组同学完成步骤二～五，科任教师在旁边进行辅导。

步骤二：解说入库验收的内容和方法，并做演示。

各小组根据任务准备的知识，讨论利用实训室模拟货物入库验收的各种方法，并选出代表进行阐述和演示。

步骤三：验收入库货物的质量和数量。

各小组取一个托盘货物，按照操作步骤（见表 2-4），依次进行入库货物的验收，验收质量和数量，评价操作的规范性和准确性。

表 2-4 验收入库货物的质量和数量步骤参考

序　号	步骤图示	步骤说明
1		外包装检查。外包装异常的问题主要有破损、污染、未封箱三种情况。根据包装有无破损及破损程度和物流中心的作业流程，进行处理或拒收
2		包装明细检查，主要是指针对产品规格名称是否正确进行检查，主要包括外包装的产品名称、外包装的大小规格、外包装的条码。若发现任何错误之处，则拒绝签收
3		拆箱检查。为防止包装箱内错装其他货品，可以进行适当的抽样开箱检查。拆箱检查的主要内容包括：检查包装内商品是否有破损及其他损伤情况；检查包装内商品的规格、名称、条码等；检查商品的保质期是否符合验收的标准
4	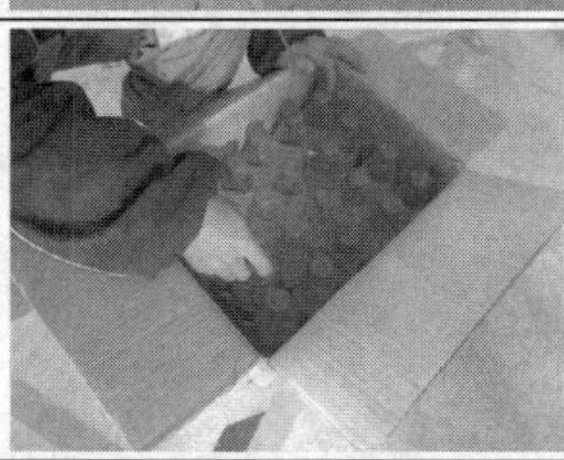	货品数量清点。清点箱内货品数量，确认无误后将样品放回包装箱内 清点托盘上货品整件数量。可能会发现多交、欠交两种情况。如果多交，货比单上注明的多，那么采购部为多出的货品补单；如果欠交，货比单上注明的少，那么据实收货
5		检验无误后，物流中心的验收员在送货单上签字确认。备注栏中可以说明异常拒收的原因
6	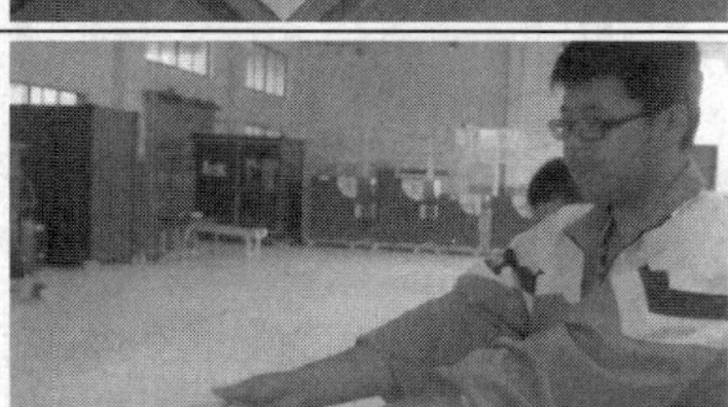	将入库验收单其中一联交给送货员，向送货员说明应收数量及实收数量。若出现异常，向送货员说明拒收原因

（续）

序　号	步骤图示	步骤说明
7		验收完毕后，清洁现场，保持现场的清洁整齐，将相应设备归位

注意事项：货品轻拿轻放，不要倒置，发现异常货品应该另外放置，并增加抽检数量。

步骤四：各组组长对本组成员进行评分，每组派 1 名代表为其他组评分。

组长根据小组成员的团队合作和任务完成情况进行评分；各组评分代表进行评分，评分代表所评的平均分为该组得分。

步骤五：教师点评，评定各组等级。

科任教师对各组进行点评，给出各组评分。

项目评价

小组名称		成员名字				
考评标准	考评项目	分值/分	组内评分	他组评分	教师评分	实际得分
	解说磅秤的基本结构	15				
	操作称重工具——磅秤	15				
	解说入库验收的内容和方法	20				
	验收货品质量和数量	20				
	语言表达	15				
	团队合作	15				
合　计		100				

注：实际得分=组内评分×30%+他组评分×30%+教师评分×40%。

巩固提高

一、判断题

1．凡货品要进入仓库储存，必须经过检查验收。验收合格的货品才可入库。（　　）

2．磅秤也称台秤，是秤的一种，通常由秤体、传感器和仪表三部分构成。（　　）

3．验收是指仓库在货物正式入库前，按照一定的程序和手续，对入库货物进行数量和质量的检验的经济技术活动的总称。（　　）

4．抽样检验主要是针对货品数量进行检验。（　　）

5．质量检验是对外包装良好的货品，按照一定比例随机抽取货品进行检验。（　　）

6．验收作业不需要在供应商代表在场的情况下进行。（　　）

7．食品类最好是采用全部验收的方法，以此来检查食品是否破损和变质等。（　　）

二、单选题

1．利用测量、测试工具对到达货品的数量和质量进行审核和检验的活动称为（　　）。

A．预收货作业　　　　B．卸货作业

C．验收作业　　　　　D．收退作业

2．货物验收主要内容不包括（　　）。

A．货物整理　　　　　B．核对凭证

C．实物检验　　　　　D．验收报告

3．验收过程中常见的问题不包括（　　）。

A．单单不符　　　　　B．质量问题

C．数量不符　　　　　D．货物倒置

三、多选题

在货物验收入库的过程中，发现货物有问题时正常的处理方法是（　　）。

A．及时通知货主　　　B．不做处理，直接入库

C．获得送货人的签字确认　　D．与送货人共同检查货物

知识能力提升

货物检验的主要内容

在仓储作业中，货物检验主要包括以下几个方面：

一、车辆检验

检验送货车辆是否符合装货安全要求。对于车厢有油污、异味以及与有毒有害物品混装等不合格的整车做退货处理。经检验合格的安排卸货。

二、数量检验

1．计件检验

对于以件数为计量单位的货物按供货件数进行清点。在一般情况下，计件商品应全部逐一点清。包装内有小件包装的，应抽取部分包装进行拆包点检。清点完毕后将检验情况记录在验收单据上。

2．检斤检验

用检斤工具进行称重，净重=毛重−皮重。外包装内有内包装的，取出内包装货物称重，皮重视包装进行扣除。来货物品存在严重不一致的做退货处理。

3．尺寸检验

凡是有规格要求的货物，一定要进行尺寸检验。用钢卷尺进行尺寸的量取验收，看是否符合采购要求（或合同要求或送货单上标的尺寸）。允许有一定误差，一般会在验收前规定误差范围。

三、质量检验

1．内外包装检验

（1）内外包装是否完好无损、无污，是否发霉受潮。

（2）检查封箱状况，有无未封箱、扎口的包装。

（3）外包装上有无与产品无关的标示字迹，商标唛头是否粘贴到位，有无漏贴、贴错现象。有相应图章、热处理标志的检查这些标志是否完整。

（4）外包装的质量是否符合本企业采购规定，外包装的材料质量、牢固程度、疏密程度、密封性、黏合度是否符合企业要求。

2．品质检验

（1）感官检验，包括视觉检验、嗅觉检验、味觉检验、听觉检验、触觉检验。

（2）物理化学检验。一般都是抽取小样，送检验室检验。应掌握抽样工具的使用、放样工具的选择与注意事项。例如，根据送货单，来货数量为 1～500 件的以 10%的比例进行四分法抽样、检重，超过 500 件的每 50 件增加取样 1 件。

职业素养提升

小管是某仓库的验货员，某日在验收纸箱等包材过程中，包材单位的随车负责人员悄悄靠近小管，塞了一个红封袋给小管，并让小管在验收中“多多关照”，小管想到最近包材总是问题很多，看来包材方并没有想方设法地改进质量，而是想通过这些“歪招”解决质量问题，于是毅然回绝了该负责人的“好意”，认真验收完到库的包材，并把不合格的包材退回了厂家。当回办公室时，小管发现刚才的管理人员在部门领导的办公室里，两人有说有笑，临走时还握手相送，小管心里有些困惑。

（1）小管的做法对吗？为什么？

（2）如果你是小管，在困惑之后你会怎么做？

项目三　理货作业

项目描述

佳通物流公司1号仓库，入库作业还没有结束，仓管员小明接下来的任务是把验收完成的货物进行理货，按要求堆码到托盘上，并使用RF手持终端进行组盘作业。如何堆码理货才符合要求呢？如何使用RF手持终端进行组盘作业呢？

仓管员小明要完成理货作业项目，可以通过以下几个方面的学习。首先学习托盘堆码的四种方式及主要特点，然后进行操作托盘堆码，在实践训练中掌握堆码的技巧和规范，最后利用RF手持终端完成托盘货物的组盘。

此项目包含两个任务：操作托盘堆码；操作RF进行组盘。

项目目标

1. 知识目标

（1）了解托盘的种类。

（2）掌握托盘堆码的方式。

（3）了解货箱堆码相关标志。

（4）认知手持终端。

2. 技能目标

（1）能够进行四种方式的托盘堆码。

（2）根据托盘、货物情况选择合适的托盘堆码方式进行堆码。

（3）能够使用RF手持终端进行组盘作业。

3. 职业素养

（1）理货作业的职业素养。

（2）掌握托盘堆码的安全注意事项。

任务一　操作托盘堆码

任务描述

1. 通过任务准备，认识托盘，各组讨论并分别对托盘进行简短的解说，包括尺寸、高度、载重等。

2. 根据提供的“教学情境”，结合货物尺寸，选择合适的托盘堆码方式，并绘制码盘示意图。

3. 各组成员根据选择货品的托盘堆码方式进行托盘堆码作业，各小组轮换尝试不同方式的码盘作业。

任务准备

一、托盘

托盘（Pallet）是用于集装、堆放、搬运和运输的放置，作为单元负荷的货物和商品的水平平台装置。

以制造材料分类，托盘可以分为木质托盘、塑料托盘、纸托盘、钢托盘、复合材料托盘。以应用范围分类，托盘可以分为平托盘、箱式托盘、轮式托盘、特种专用托盘。托盘尺寸根据企业托盘标准和存放物料的尺寸大小加以确定，我国托盘的国家标准尺寸有 1200mm×1000mm 和 1100mm×1100mm 两种。仓库里常见的托盘有木质托盘和塑料托盘，如图 2-11 所示。

图 2-11　木质托盘（左）和塑料托盘（右）

二、托盘堆码方式

托盘货物的堆码方式主要有以下四种：

1. 重叠式

重叠式堆码方式也称直堆法，是逐件、逐层向上重叠堆码，一件压一件的堆码方式。即各层码放方式相同，上下对应，如图 2-12 所示。这种方式的优点是：员工操作速度快；各层堆叠后，包装物四个角和边重叠，能承受较大的荷重。其缺点是：稳定性差，容易发生塌垛。但在货体面积较大的情况下，采用这种方式可有足够的稳定性。一般情况下，重叠式堆码再配以各种紧固方式，不但能保持稳固，而且保留了装卸操作省力的优点。

2. 纵横交错式

纵横交错式堆码方式是指相邻两层货物的摆放旋转 90°，一层呈横向放置，另一层呈纵向放置，如图 2-13 所示。其优点是层间有一定的咬合效果，但咬合强度不高，这种方式装盘也较简单。

图 2-12　重叠式堆码

图 2-13　纵横交错式堆码

3．正反交错式

正反交错式堆码方式是指同一层中，不同列的货物 90° 角垂直码放，相邻两层的货物码放形式是另一层旋转 180° 角的形式，如图 2-14 所示。它类似于房屋建筑砖的砌筑方式，不同层间咬合强度较高，相邻层之间不重缝，因而码放后稳定性很高，但操作较为麻烦，且包装体之间不是垂直面相互承受荷载，从而会产生下部货物承受上部货体重力不均衡的现象，所以下部货体易被压坏。

4．旋转交错式

旋转交错式堆码方式是指第一层相邻的两个包装体都互为 90°，两层间的码放又相差 180°，如图 2-15 所示。这样相邻两层之间互相啮合交叉，托盘稳定性较高，不易塌垛。其缺点是码放难度较大，且中间形成空穴，会降低托盘的装载能力。

图 2-14　正反交错式堆码

图 2-15　旋转交错式堆码

任务实施

步骤一：将全班同学按 4～6 人一组，分成若干组，自选组长。

根据全班同学的情况进行分组，由各组自选组长，并报科任教师。由组长对本组成员进行分工，并组织本组同学完成步骤二～六，科任教师在旁边进行辅导。

步骤二：接触托盘，解说其基本结构。

各组在实训室中选择一个托盘，通过使用卷尺等测量工具，测量托盘的尺寸和高度，观察托盘结构。拍摄托盘图片，并在图片上标注相应的参数，利用投影仪展示，对托盘进行简短的解说，包括尺寸、高度类型等。

步骤三：根据货物尺寸，选择合适的码盘方式，绘制码盘示意图。

当前，佳通 1 号仓库刚接收了一批生活家居用品（见表 2-5），须堆码上架。各组讨论后，选择合适的堆码方式进行货物的托盘堆码，在纸上绘制码盘示意图，参考步骤见表 2-6。

表 2-5　佳通 1 号仓库接收的货品清单

序　号	货　品	长×宽×高	数　量
1	A	500mm×400mm×220mm	24
2	B	1000mm×250mm×180mm	20
3	C	600mm×300mm×220mm	24
4	D	600mm×200mm×200mm	18

表 2-6　绘制码盘示意图参考步骤

序　　号	步 骤 图 示	步 骤 说 明
1	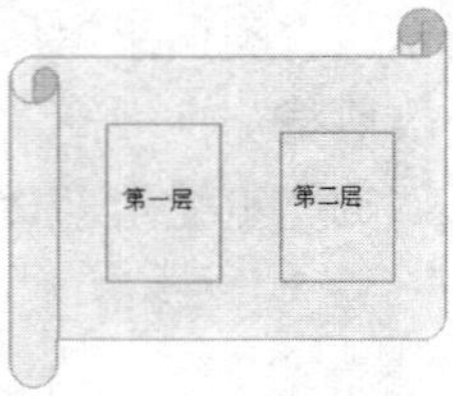	在白纸上画上两个方框，代表一个托盘的两层
2	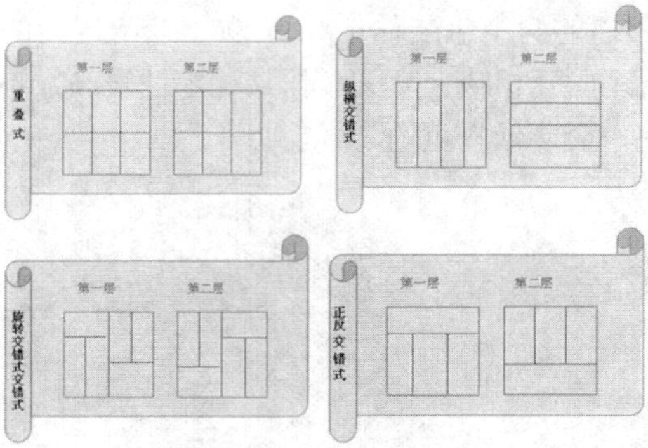	根据货物的尺寸，选择合适的堆码方式，并绘制出堆码的一、二层示意图

步骤四：根据选择的码盘方式，操作托盘堆码。

各组成员根据小组选择货品的托盘堆码方式进行托盘堆码作业，依次进行练习。完成后，各小组轮换其他码盘方式。

四种码盘方式的操作参考见表 2-7～表 2-10。

表 2-7　重叠式码盘操作参考

序　　号	步 骤 图 示	步 骤 说 明
1		将纸箱平行排列，根据托盘规格决定列数和每列的数量，由远及近地堆码，将底层纸箱堆码整齐，不留空隙
2		箱与箱的交接面为正面与正面交接，侧面与侧面衔接；纸箱逐层堆码，层层之间纸箱平行，纸箱的四个角边重叠，方向相同
3		整理纸箱侧面，检查纸箱是否超出托盘边缘，保证托盘每一面至少有一个条码可见

表 2-8　纵横交错式码盘操作参考

序　号	步骤图示	步骤说明
1		将纸箱平行排列，根据托盘规格决定列数和每列的数量，由远及近地堆码，将底层纸箱堆码整齐，不留空隙
2		纸箱的第二层与底层旋转 90° 码放
3		整理纸箱侧面，检查纸箱是否超出托盘边缘，保证托盘每一面至少有一个条码可见

表 2-9　正反交错式码盘操作参考

序　号	步骤图示	步骤说明
1		每层纸箱在排列的时候，列与列之间的纸箱垂直放置；箱与箱的交接面为正面与侧面衔接
2	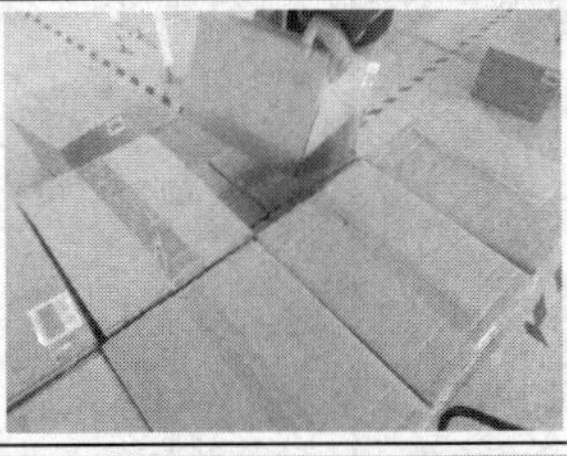	层与层之间的纸箱摆放的时候，上层的纸箱与下层的纸箱旋转 90° 摆放
3		整理纸箱侧面，检查纸箱是否超出托盘边缘，保证托盘每一面至少有一个条码可见

表 2-10　旋转交错式码盘操作参考

序　号	步 骤 图 示	步 骤 说 明
1		将纸箱平行排列，根据托盘规格决定列数和每列的数量，由远及近地堆码，将底层纸箱堆码整齐，不留空隙
2		箱与箱的交接面为正面与正面交接，侧面与下侧面衔接
3		纸箱逐层堆码，层层之间纸箱平行，纸箱的四个角边重叠，方向相同
4		整理纸箱侧面，检查纸箱是否超出托盘边缘，保证托盘每一面至少有一个条码可见

注意事项：堆码过程中严禁用脚踩托盘，严禁野蛮操作，严禁扔、丢、摔货品，不能跨越货品。

步骤五：各组组长对本组成员进行评分，每组派 1 名代表为其他组评分。

组长根据小组成员的团队合作和任务完成情况进行评分；各组评分代表根据表 2-11 进行评分，评分代表所评的平均分为该组得分。

表 2-11　评分表

序　号	项　目	分值/分	箱数/次数	扣分/分
1	码盘方式选择不当	20		
2	没有隔层交错堆码	15		
3	货物超出托盘边缘	5		
4	四面不是都能看到纸箱条码	10		
5	人工搬运一次超过 1 个纸箱	5		
6	码盘过程中脚踩托盘	15		
7	堆码过程中未遵循由远及近原则	10		
8	堆码过程中野蛮操作，存在扔、丢、摔货品现象	15		
9	码盘过程中跨越货品	5		

步骤六：教师点评，评定各组等级。

科任教师对各组进行点评，给出各组评分。

任务二　操作 RF 手持终端进行组盘

任务描述

1. 操作 RF 手持终端进行条码扫描测试。
2. 操作 RF 手持终端进行组盘作业。

任务准备

一、认识 RF 手持终端

RF 是 Radio Frequency 的缩写，意为射频，表示可以辐射到空间的电磁频率，频率范围为 300kHz～300GHz；射频电流是一种每秒变化大于 10000 次的称为高频电流的简称。

RF 手持终端是指利用无线射频技术完成数据采集、传输等功能的便于携带的数据处理终端。在现代化的仓储管理中，RF 手持终端设备发挥的作用将越来越明显。摩托罗拉 MC3090、摩托罗拉 MC3190 是目前较为常用的手持终端，如图 2-16 所示。

图 2-16　摩托罗拉 MC3090

二、RF 手持终端的基本操作

下面以摩托罗拉 MC3190 为例，介绍 RF 手持终端的基本操作。

1. RF 手持终端的握法

RF 手持终端操作一般采用悬挂于手臂上（见图 2-17）和手握（见图 2-18）两种方式。当进行 RF 手持操作时，一般采取手握比较方便；当进行其他仓储操作时，一般将 RF 悬挂于手臂上或放在随身的工具包中以免影响作业。

图 2-17　悬挂于手臂上

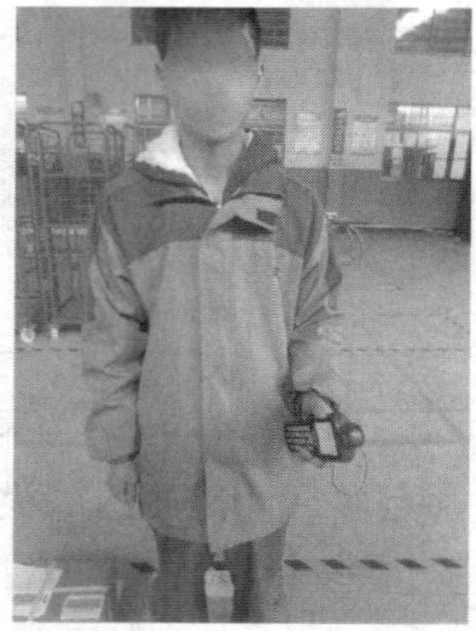

图 2-18　手握式

2. 开机/挂起

用触摸笔长按右下角的红色按钮，启动 RF 手持终端，如图 2-19 所示。当一段时间不用时，可按一下红色按钮，此时 RF 手持终端处于待机状态，即挂起。

图 2-19　开机/挂起按钮

3. 重启

当 RF 手持终端处于“死机”状态时，可以采取重启措施。重启分为热重启与冷重启，热重启须同时按下“7”“9”和红色开关三个按钮（见图 2-20），冷重启须同时按下“1”“9”和红色开关三个按钮（见图 2-21）；热重启后 RF 手持终端的所有安装程序仍然保留，而冷重启后 RF 手持终端的系统还原成初始状态，所有安装程序即被删除，所以冷重启必须慎用。

图 2-20　热重启

图 2-21　冷重启

4. 设置红外线扫描

开机或重启后 RF 手持终端的扫描功能可能没有开启，此时可以使用触摸笔单击选择“控制面板”中的“SCANW...”图标，如图 2-22 所示。

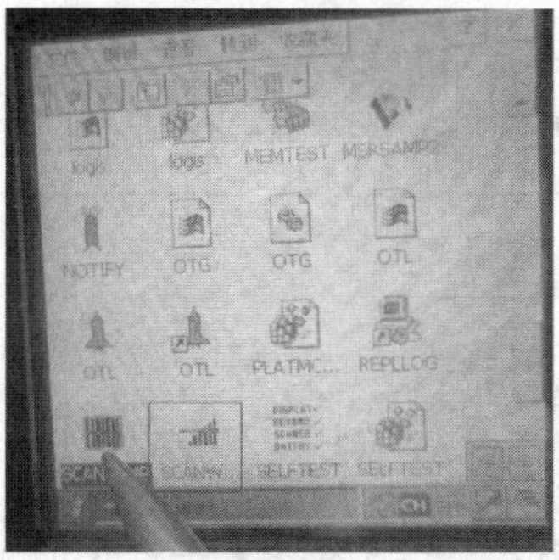

图 2-22 “控制面板”中的“SCANW...”图标

任务实施

步骤一：将全班同学按 4～6 人一组，分成若干组，自选组长。

根据全班同学的情况进行分组，由各组自选组长，并报科任教师。由组长组织本组同学完成步骤二～三，科任教师在旁边进行辅导。

步骤二：操作 RF 手持终端进行条码扫描测试。

各组根据表 2-12 中的步骤，由组长进行 RF 手持终端的条码扫描测试。

表 2-12　RF 手持终端的条码扫描测试步骤

序　号	步骤图示	步骤说明
1		单击进入“控制面板”，单击“SCAN...”图标，进入扫描测试界面
2	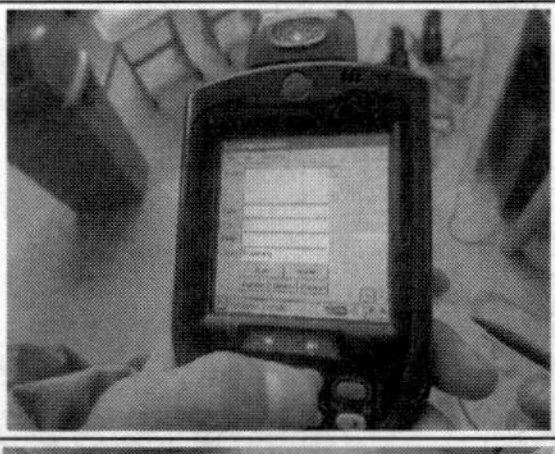	按中间或者两侧的黄色扫描按钮，指示灯亮起
3		尝试扫描条码，将红外线覆盖整个条码，听到“嘀”说明条码读取成功

步骤三：操作 RF 手持终端进行组盘作业。

各组选择一名同学作为信息员，进行仓储系统的入库作业，其他成员依次使用 RF 手持终端，参照表 2-13 中的步骤进行 RF 组盘作业。每完成一次 RF 组盘作业，信息员将程序复位并重新制作一次入库信息。

表 2-13　RF 组盘作业

序　　号	步 骤 图 示	步 骤 说 明
1	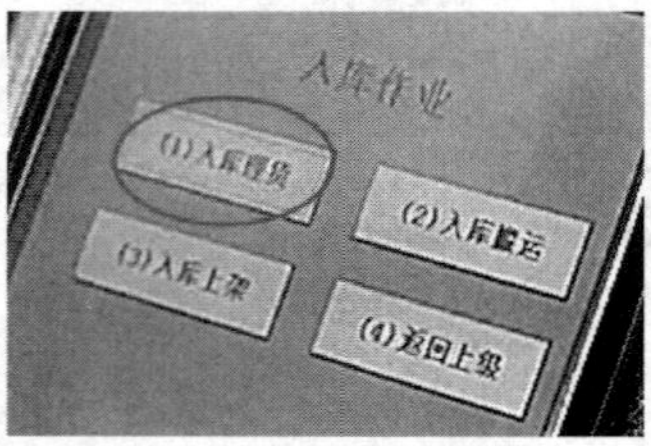	单击系统图标进入系统后，单击“入库作业”，选择“入库理货”
2		扫描货品条码标签，将红外线覆盖整个条码，听到“嘀”说明条码读取成功
3		扫描装载托盘标签，将红外线覆盖整个条码，听到“嘀”说明条码读取成功
4	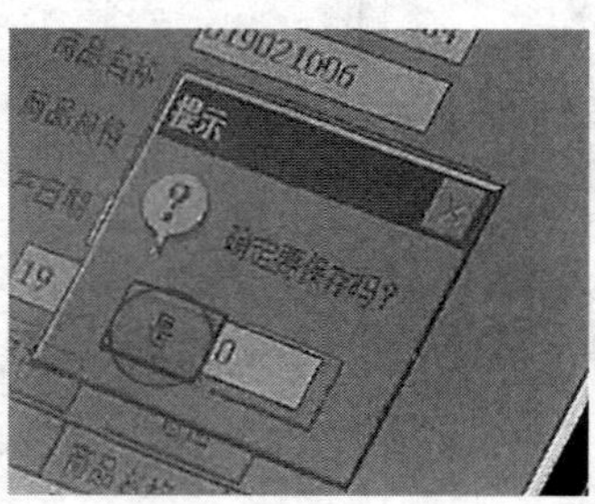	输入实收箱数，单击“确定”“保存”按钮，完成 RF 的组盘作业

项目评价

小组名称		成员名字				
考评标准	考评项目	分值/分	组内评分	他组评分	教师评分	实际得分
	认识托盘	10				
	绘制四种托盘堆码方式示意图	10				
	操作托盘堆码	30				
	操作 RF 手持终端进行条码扫描测试	10				
	操作 RF 手持终端进行组盘作业	20				
	语言表达	10				
	团队合作	10				
合　计		100				

注：实际得分=组内评分×30%+他组评分×30%+教师评分×40%。

巩固提高

一、判断题

1. 堆码就是将物品整齐、规则地摆放成货垛的作业。 (　　)
2. 堆码要与所采用的托盘相匹配。 (　　)
3. 正确的堆码方式可以识别和检查货品质量。 (　　)
4. 合理的堆码能够提高仓库的空间使用率。 (　　)
5. 对货品进行堆码时，不同性质的货品可以混存混放。 (　　)
6. 货品存储时要遵循先进后出的原则。 (　　)
7. 重叠式托盘堆码是指各层码放方式相同的堆码方式。 (　　)
8. 重叠式堆码方式的优点是层与层之间垂直重叠，稳定性佳，不易发生塌垛。 (　　)
9. 纵横交错式托盘堆码是指相邻两层货品的摆放旋转 180°。 (　　)
10. 旋转交错式托盘堆码难度高，中间形成空穴，可提高托盘利用率。 (　　)

二、单选题

1. 各层码放方式相同，上下对应，层与层之间不交错的堆码方式称为（　　）堆码。

A. 重叠式　　B. 纵横交错式　　C. 旋转交错式　　D. 正反交错式

2. 相邻两层货品的摆放旋转 90°，一层为横向放置，另一层为纵向放置，层次之间相互交错的堆码方式称为（　　）堆码。

A. 重叠式　　B. 纵横交错式　　C. 旋转交错式　　D. 正反交错式

3. 每一层相邻两边的包装体都互为 90°，相邻两层货品的摆放旋转 180° 的堆码方式称为（　　）堆码。

A. 重叠式　　B. 纵横交错式　　C. 旋转交错式　　D. 正反交错式

4. 同一层中不同列货品以 90° 垂直码放，相邻两层货品的摆放旋转 180° 的堆码方式称为（　　）堆码。

A. 重叠式　　B. 纵横交错式　　C. 旋转交错式　　D. 正反交错式

三、多选题

货品堆码应遵循的原则包括（　　）。

A. 不同性质的货品，不得混存混放

B. 不要轻易改变货品存储的位置，一般按照先进先出的原则管理

C. 在库位不紧张的情况下，尽量避免货品堆码的覆盖和拥挤

D. 为了充分利用空间，货品码放得越高越好

知识能力提升

理　货　员

理货员是指通过理货活动，依靠商品展示与陈列、POP 广告、标价、排面整理、商品补充与调整、环境卫生、购物工具准备等作业活动，与顾客间接或直接地发生联系的工作人员。

一、理货员的职业特性

（1）理货员没有特定的服务空间。

（2）理货员的工作重心是商品以及与商品销售服务相关的环境。

二、理货员的职业道德意识

理货员的职业道德意识包括顾客意识、目标意识、形象意识、品质意识、成本意识、合作意识、问题意识、规范意识。

三、理货员的职业道德规范

理货员的职业道德规范包括待客道德规范和作业活动道德规范。

四、理货员职业道德修养

（1）形象修养。

（2）意志修养。

理货员的意志修养内容包括认同、自制、宽容和平衡。

（3）品质修养

理货员的良好品质包括见物不贪、与人为善和做事求上。

职业素养提升

某公司为提高仓储员工的综合素质，特地在周六邀请物流仓储专家来企业做讲座，可是周六那天，总共有 10 名员工的仓储部门只有 5 个人参加了讲座。当公司领导问部长没有参加会议的人员未到的原因时，大都没有正当理由，对于未到的 5 名员工，公司给予扣除奖金处罚，事后这 5 名员工来领导办公室表示不服，他们说周六是休息日，培训参加与否可以由他们自己决定，工作上他们也没有出错，不用再进行其他培训了。该公司的领导对他们的这种想法进行了严厉的批评。

你觉得没参加会议的人员的想法正确吗？为什么？

项目四　入库搬运作业

项目描述

在本模块项目三中，佳通物流公司1号仓库的仓管员小明根据入库单要求完成了入库验收和理货作业，下面该是入库搬运了。那么，如何完成入库搬运作业呢？入库搬运需要用到哪些搬运设备呢？如何利用这些设备完成入库搬运作业呢？

仓管员小明要完成入库搬运作业，可以通过以下几个方面的学习。首先，学习手动液压托盘搬运车的操作和电动托盘搬运车的操作。然后，利用这些搬运工具完成康师傅饮品公司发来的康师傅矿物质水和康师傅冰红茶等货物的入库搬运作业。

此项目包含两个任务：操作手动液压托盘搬运车；操作电动托盘搬运车。

项目目标

1. 知识目标

（1）认识手动液压托盘搬运车。

（2）认识电动托盘搬运车。

（3）了解入库搬运流程。

2. 技能目标

（1）掌握手动液压托盘搬运车的使用。

（2）掌握电动托盘搬运车的使用。

（3）利用手动液压托盘搬运车完成入库搬运作业。

（4）利用电动托盘搬运车完成入库搬运作业。

3. 职业素养

（1）入库搬运作业相关的职业素养。

（2）掌握操作手动液压托盘搬运车、电动托盘搬运车的安全注意事项。

任务一　操作手动液压托盘搬运车

任务描述

1. 各组讨论之后，选代表对手动液压托盘搬运车进行简短的解说，包括结构、种类和适用环境等。

2. 各小组取一个托盘和一辆手动液压托盘搬运车，按照操作步骤，依次进行货叉出入托盘的操作。

3. 各小组取一个托盘和一辆手动液压托盘搬运车，按照操作步骤，依次进行手动液压托盘搬运车载货绕桩操作。

4. 接着上一个项目“理货作业”的完成，各小组依据操作步骤，使用手动液压托盘搬运车完成入库作业。

任务准备

一、手动液压托盘搬运车概述

手动液压托盘搬运车是一种小巧方便、使用灵活、载重量大、结实耐用的货物搬运工具，俗称“地牛”。它通过液压系统提升货叉，从而托起货物，拖动货物移动，到达指定位置后释放液压系统，货物也随之落地。它操作简单，使用方便，适合短距离搬运，与托盘结合使用。它广泛应用于仓库、超市、工厂、医院、商场、机场、体育馆等。

二、手动液压托盘搬运车的基本结构

常见的手动液压托盘搬运车的基本结构如图 2-23 所示。液压系统用来提升货叉，方便搬运托盘货物；货叉用来放置托盘；手柄用来控制方向；舵柄的作用是控制液压系统的启动，包括三个功能：提升（启动液压系统）、行驶和下降（释放液压系统）。

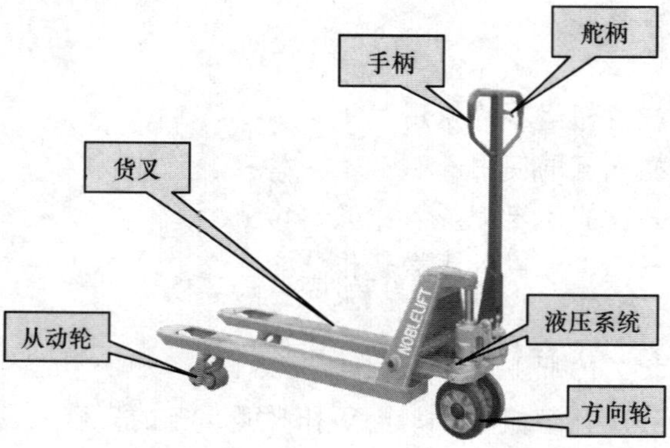

图 2-23　手动液压托盘搬运车

三、手动液压托盘搬运车的种类

手动液压托盘搬运车因使用场合不同，可以分为多种类型。下面是几种常见的手动液压托盘搬运车。

1. 低放型手动液压托盘搬运车

低放型手动液压托盘搬运车用于叉口离地高度小于 51（35）mm 的托盘的搬运，适用于托盘低矮、空间狭窄的工作场合，如图 2-24 所示。

图 2-24　低放型手动液压托盘搬运车

2. 超长型手动液压托盘搬运车

超长型手动液压托盘搬运车专门为搬运一些超长的货物而设计，能够装载各种超长重物，可在狭窄的通道上运行，使货物在运输时更稳定，不易从叉架上掉落，如图 2-25 所示。

图 2-25　超长型手动液压托盘搬运车

3. 电子称重型手动液压托盘搬运车

电子称重型手动液压托盘搬运车主要用于仓储作业中货物的转移称重、计数，如铁路、公路货物托运承接业务中的货物称重；工矿企业成品库、半成品库出入库称重等，如图 2-26 所示。

图 2-26　电子称重型手动液压托盘搬运车

4. 剪叉式手动液压托盘搬运车

剪叉式手动液压托盘搬运车封闭式的货叉头部结构设计，结实耐用。该种搬运车可以作为手动搬运车、升降台、组装台或者工作台使用，如图 2-27 所示。

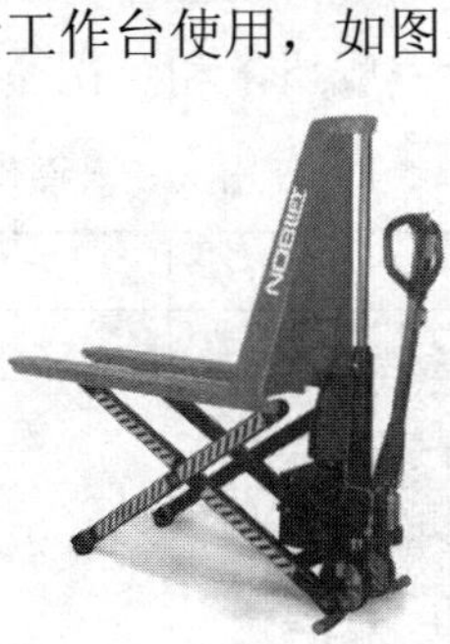

图 2-27　剪叉式手动液压托盘搬运车

➲小知识

国内第一家扭转欧盟反倾销案例初裁决定的企业是生产手动液压托盘搬运车的国际知名企业——浙江诺力机械股份有限公司（以下简称“诺力公司”）。2004 年 4 月，欧盟对原产于我国的手动液压托盘搬运车启动了反倾销调查，一旦征收高额的反倾销税，众多中国企业将退出多年来辛苦培育出来的欧盟市场。诺力公司作为中国手动液压托盘搬运车最大的向欧盟出口的生产商，为了维护行业和企业的正常出口权利，在一年多时间里进行了艰苦的应诉。通过持之以恒的努力，欧盟最终承认了自己在初裁中对诺力公司的决定是不正确的，并于同年 7 月 22 日给予诺力公司市场经济地位，并将税率降为 7.6%。

任务实施

步骤一：将全班同学按 4～6 人一组，分成若干组，自选组长。

根据全班同学的情况进行分组，由各组自选组长，并报科任教师。由组长对本组成员进行分工，并组织本组同学完成步骤二～七，科任教师在旁边进行辅导。

步骤二：解说手动液压托盘搬运车的类型和基本结构。

各组讨论完成图 2-28 的填写，利用投影仪展示，对手动液压托盘搬运车进行简短的解说，包括结构、种类和适用环境等。

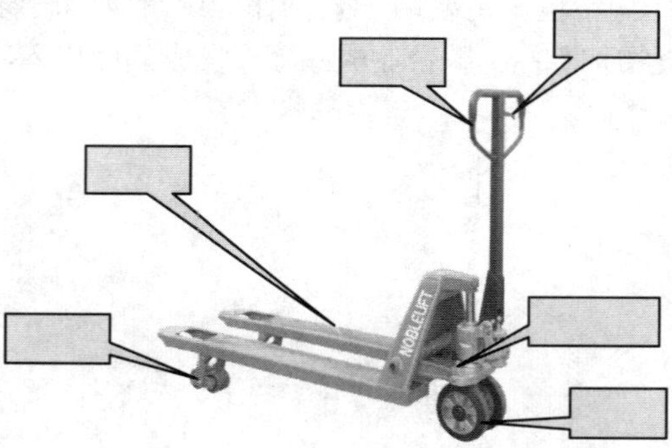

图 2-28　手动液压托盘搬运车

步骤三：操作货叉出入托盘。

各小组取一个托盘和一辆手动液压托盘搬运车，参照表 2-14 中的步骤，依次进行货叉出入托盘的操作，反复练习，并评价完成质量和测试速度。

表 2-14　货叉出入托盘操作步骤

序　号	步骤图示	步骤说明
1		将手动液压托盘搬运车摆放在托盘一侧，托盘车处于静止状态。托盘进叉后与托盘搬运车货叉方向一致

（续）

序　号	步骤图示	步骤说明
2		右手拖动舵柄，舵柄与货叉呈 45°，将托盘搬运车移至托盘前方
3		双手推动舵柄，此时舵柄与货叉呈 90°，控制方向，使货叉正好对准托盘入叉口
4		继续推动，使货叉完全进入托盘底槽。反复操作，并且不断加快速度

注意事项：在操作过程中，不要碰到托盘底盘或有其他碰撞，并防止轮胎压伤脚趾等。

步骤四：操作手动液压托盘搬运车载货绕桩。

各小组取一个托盘和一辆手动液压托盘搬运车，参照表 2-15 中的步骤，依次进行手动液压托盘搬运车载货绕桩操作，可以用装水的塑料瓶代替桩，可以从载空托盘开始，然后载货、载水杯等递进式反复练习，掌握搬运车的控制技巧和操作稳定性，评价完成质量和测试速度。

表 2-15　手动托盘搬运车载货绕桩步骤

序　号	步骤图示	步骤说明
1	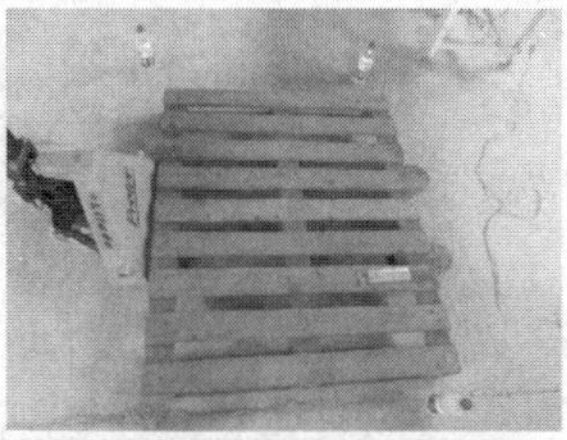	使用手动液压托盘搬运车，到托盘存放区取空托盘，搬运车的货叉要充分进入托盘插槽
2		启动液压系统（即人双脚弓步站立，一只手将手柄按下，摆动手臂，将货叉升起，注意保持托盘稳定），将托盘升起离开地面 5～10cm，以不碰地为原则

（续）

序　号	步骤图示	步骤说明
3		将手柄放置在“行驶”位置，拖动托盘车，平稳移动，注意转向
4		绕桩作业完成后，将托盘拖回托盘放置区，手动搬运车停放至设备区

注意事项：手动液压托盘搬运车在插取和退出过程中货叉与托盘不要有剐蹭；行进时不得起降货叉；停放时降叉，并使手动液压托盘搬运车牵引杆扭转 90° 刹车；手动搬运车使用后归位。

步骤五：操作手动液压托盘搬运车完成入库作业。

在完成前面几个步骤的前提下，我们接着“理货作业”项目，依照表 2-16 中的步骤，使用手动液压托盘搬运车完成入库作业，评价完成质量和测试速度。

表 2-16　手动液压托盘搬运车入库作业步骤

序　号	步骤图示	步骤说明
1		使用手动液压托盘搬运车到收货理货区，提取已经理货完成的待入库货品
2		载货搬运，沿着作业通道行驶，保持托盘平稳，防止掉货箱
3		将载货托盘置于“交接区”卸货位置上，然后停下；确认货物卸货的正上方后释放液压系统，货叉慢慢下降

（续）

序　号	步骤图示	步骤说明
4		将设备归位

步骤六：各组组长对本组成员进行评分，每组派 1 名代表为其他组评分。

组长根据小组成员的团队合作和任务完成情况进行评分；各组评分代表进行评分，评分代表所评的平均分为该组得分。评分要素详见表 2-17。

表 2-17　评分要素

序　号	作业环节	说　明	分值/分	扣分/分
1	手动液压托盘搬运车操作	搬运车在叉取和退出过程中货叉与托盘有剐蹭	20（5 分/次）	
2		行进时起降货叉	10（5 分/次）	
3		停放时降叉，未使搬运车牵引杆扭转 90° 刹车	10	
4	5S 管理	搬运车使用后未归位	10	
5	安全	作业过程中，人员、设备、设施之间发生碰撞或者人员摔倒	20（10 分/次）	
6		设备无人看管	20（5 分/次）	
7		人站在搬运车上滑行、扭动前行等	10	

步骤七：教师点评，评定各组等级。

科任教师对各组进行点评，给出各组评分。

任务二　操作电动托盘搬运车

任务描述

1. 各小组取一辆电动托盘搬运车，按照操作步骤，依次尝试操作电动托盘搬运车进行前进、后退、转向和停车。

2. 各小组取一辆电动托盘搬运车，按照操作步骤，依次尝试操作电动托盘搬运车搬运货物，将货物放置于货物交接区。

任务准备

电动托盘搬运车货物上升、下降原理与半电动搬运车相同，不同之处在于全电动托盘搬运车所有作业均采用电力控制系统，无须人力操作，是比较省时省力的一款搬运工具，如图

2-29 所示。它适用于重载及长时间货物转运工况，可大大提高货物搬运效率，减轻劳动强度。

图 2-29　电动托盘搬运车

任务实施

步骤一：将全班同学按 4～6 人一组，分成若干组，自选组长。

根据全班同学的情况进行分组，由各组自选组长，并报科任教师。由组长对本组成员进行分工，并组织本组同学完成步骤二～五，科任教师在旁边进行辅导。

步骤二：操作电动托盘搬运车。

各小组取一辆电动托盘搬运车，参照表 2-18 中的步骤，依次尝试操作电动托盘搬运车，反复练习，注意车速和自身安全，并评价操作质量。每人用时在 2min 左右，操作前必须仔细学习步骤说明。

表 2-18　操作电动托盘搬运车

序　号	步骤图示	步骤说明
1		起动操作：插上电瓶插头；打开紧急断电开关；打开钥匙开关

（续）

序　　号	步骤图示	步骤说明
2	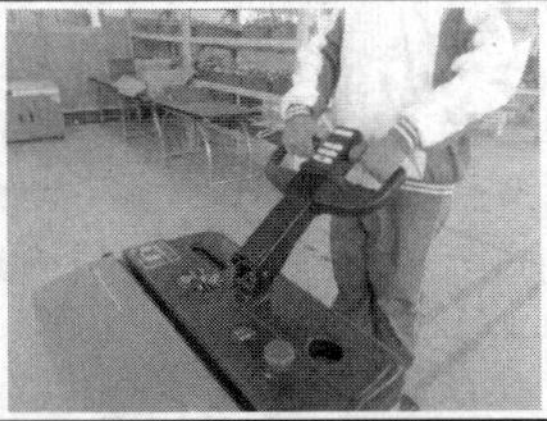	前进操作：用双手向后将操纵把手下压至 0°～90°之间；大拇指将方向速度控制按钮向前渐渐转动；车辆超前运行，速度由速度控制按钮转动角度控制
3		倒车操作：双手向后将操纵把手下压至 0°～90°之间；大拇指将方向速度控制按钮向后渐渐转动；车辆朝后运行
4		转向操作：双手握住操纵把手的左右手柄，下压至倾斜位置，左右搬动操纵把手实现车辆转向；向左转时，车辆向左转；向右转时，车辆向右转
5	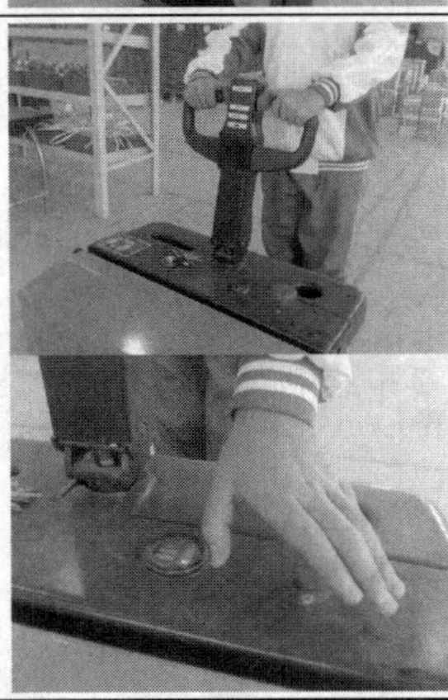	停车操作：减速，即大拇指渐渐松去方向速度控制按钮；将操纵把手回复至垂直位置；货叉下降到最低位置；钥匙开关拨至“OFF”位置，按下紧急断电开关，拔去电瓶插头，取下钥匙并保管好

步骤三：操作电动托盘搬运车搬运货物。

各小组取一辆电动托盘搬运车，按照表 2-19 中的步骤，依次尝试操作电动托盘搬运车搬运货物，将货物放置货物交接区，注意车速和自身安全，并评价操作质量。每人用时在 2min 左右，操作前必须仔细学习步骤说明。“交接区”可以用斑马胶框出，或者用塑料水瓶定位。

表 2-19　操作电动托盘搬运车搬运货物

序　　号	步骤图示	步骤说明
1		到设备区，起动电动托盘搬运车

（续）

序　号	步骤图示	步骤说明
2		驾驶电动托盘搬运车小心地接近货物；调整货叉高度以便货叉尽可能叉到托盘里面
3	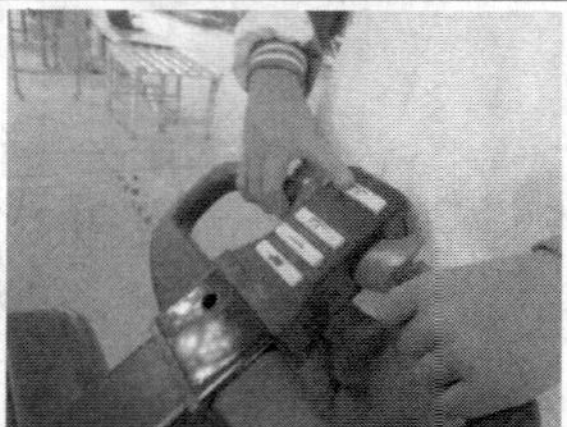	提起货物几厘米，并确认货物是否牢固；车辆缓慢载货离开
4		驾驶电动托盘搬运车接近“交接区”，将货物置于卸货位置上，然后停下
5	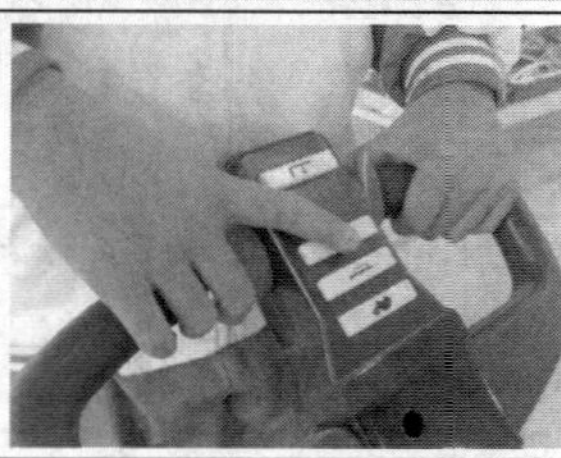	确认货物卸货的正上方后，货叉慢慢下降
6		将货叉从货物中退出，将电动托盘搬运车驶回设备区

注意事项：搬运车在插取和退出过程中货叉与托盘不要发生剐蹭；行进时不得起降货叉；搬运车使用后归位。

步骤四：各组组长对本组成员进行评分，每组派 1 名代表为其他组评分。

组长根据小组成员的团队合作和任务完成情况进行评分；各组评分代表进行评分，评分代表所评的平均分为该组得分。评分要素详见表 2-20。

表 2-20　评分要素

序　号	作业环节	说　明	分值/分	扣分/分
1	电动搬运车操作	搬运车在叉取和退出过程中货叉与托盘有剐蹭	20（5 分/次）	
2		行进时起降货叉	10（5 分/次）	
3		停放时，未将货叉下降到最低位置	10	
4	5S 管理	电动搬运车使用后未归位	10	
5	安全	作业过程中人员、设备、设施之间发生碰撞或者人员摔倒	20（10 分/次）	
6		设备无人看管	20（5 分/次）	
7		拐弯行驶过快，人有被甩出的危险	10	

步骤五：教师点评，评定各组等级。

科任教师对各组进行点评，给出各组评分。

项目评价

小组名称		成员名字				
考评标准	考评项目	分值/分	组内评分	他组评分	教师评分	实际得分
	解说手动液压托盘搬运车的类型和基本结构	5				
	操作货叉出入托盘	10				
	操作手动液压搬运车载货绕桩	15				
	操作手动液压搬运车完成入库作业	10				
	操作电动搬运车	15				
	操作电动搬运车搬运货物	15				
	语言表达	15				
	团队合作	15				
合　计		100				

注：实际得分=组内评分×30%+他组评分×30%+教师评分×40%。

巩固提高

一、判断题

1. 液压托盘车的使用有利于提高仓库空间的利用率。（　　）

2．电动托盘搬运车叉取托盘时，货叉必须对准托盘插槽，可以斜着进出托盘。（　）

二、单选题

1．手动液压托盘搬运车依靠（　）提升托盘货物。

A．液压系统　B．手柄　C．舵柄　D．方向轮

2．手动搬运车在停放时牵引杆与货叉成（　）。

A．90°　B．45°　C．180°　D．75°

三、多选题

1．手动液压托盘搬运车的功能有（　）。

A．提升　B．行驶　C．下降　D．上架

2．常见的手动液压托盘搬运车的种类有（　）。

A．低放型　B．超长型　C．电子称重型　D．剪叉式

3．按照动力装置的不同，搬运车可以分为（　）。

A．手动液压搬运车　B．电动搬运车

C．手推车　D．堆高车

知识能力提升

安全搬运技巧

搬运时须按照正确步骤，以保证搬运安全，并尽可能地降低受伤的风险。注意事项包括以下几个方面：

1．负载大小

通过向一旁或前方移动负载货物，能够确定负载是否在你的搬运能力之内。

2．正确放置脚的位置

根据通常规则，前脚应该放在货物旁边。后脚稍后于前脚一个臀部的宽度。这种姿势使人非常稳定，且可以平衡货物重量。

3．正确地握住

理想情况下，正确的握住方法是双手支撑在对角位置上，这样更安全也更舒适。十指全部伸出，可能的话还可以摊开手掌来避免疲劳。

4．屈膝

向货物弯曲膝盖，并用小腿提升货物。这样大腿和小腿肌肉都用到了，这是身体上最强壮的肌肉，背部肌肉仅仅用来支撑。搬运的基本要点是膝盖弯曲得越多，背部使用得越少。

5．直背

搬运货物之前，尽可能挺直背部，收缩下巴抬起头。这样能保持脊骨伸直，也能使你看清路况。

6．手臂靠近身体

搬运过程中，手臂尽可能伸直，肘部在两侧向内。搬运中不要改变抓握方式，并且面部直接对着货物将放下的位置。千万不要在搬运时扭脚。这时候扭脚会导致严重的背部受伤。

职业素养提升

小姚和小丁是某职业学校物流专业的学生，毕业后两人纷纷通过面试进入一家物流企业负责拣货工作。试用期过后，两人均能胜任工作岗位，并且在岗期间零差错，但是物流经理只留下了小姚，小丁很不服气，心中有些不甘，于是他找到了仓库主管："我工作三个月没犯过一次错误，准时上班，从没迟到早退，工作上也没出过一次差错，按时完成上级交办的任务，领导叫我怎么做我就怎么做，为什么不要我？"仓库主管摇了摇头："你是没有违规也没有犯错，但是你每次工作都只是机械地照单取货，只完成拣货，工作成效和质量都不顾及，这样的工作态度我们企业不需要。"

（1）仓库主管的决策对吗？

（2）如果你是小丁，今后在工作岗位上会怎么做？

项目五 入库上架作业

项目描述

佳通物流公司 1 号仓库的仓管员小明完成了入库搬运作业，将入库货物放置在“交接区”，接下来操作员要将货物上架。那么，如何完成入库上架作业呢？入库上架需要用到哪些设备呢？如何利用这些设备完成入库上架作业？

仓管员小明要完成入库上架作业，可以通过以下几个方面的学习。首先，学习手动堆高车的操作和半电动堆高车的操作。然后，利用这些堆垛工具完成货物的上架任务。

此项目包含两个任务：操作手动堆高车完成入库上架；操作半电动堆高车完成入库上架。

项目目标

1. 知识目标

（1）认识手动堆高车。

（2）认识半电动堆高车。

（3）认识入库上架作业的基本流程。

2. 技能目标

（1）能够操作手动堆高车。

（2）能够操作半电动堆高车。

（3）能够利用手动堆高车完成入库上架作业。

（4）能够利用半电动堆高车完成入库上架作业。

3. 职业素养

（1）入库上架作业的职业素养和安全事项。

（2）佩戴好安全帽进入保管区。

（3）操作手动堆高车、半电动堆高车的安全注意事项。

任务一 操作手动堆高车完成入库上架

任务描述

1. 各小组讨论学习后，派代表依照堆高车实物，解说手动堆高车的主要控制部件。
2. 各小组取一辆手动堆高车，按照操作步骤，依次操作手动堆高车绕桩。
3. 各小组讨论上架流程，按照操作步骤提示，依次操作手动堆高车完成入库上架。

任务准备

一、手动堆高车概述

手动堆高车的操控无论是水平移动车辆还是垂直升降都需要手动进行，如图 2-30 所示。它的特点是运输灵巧，操作灵活，转弯半径小。手动液压堆高车配合托盘货箱、集装箱等可实现单元化运输，不仅减少了碰撞、划伤等情况，而且减少了工作量及堆放面积，可以大大提高工作效率。

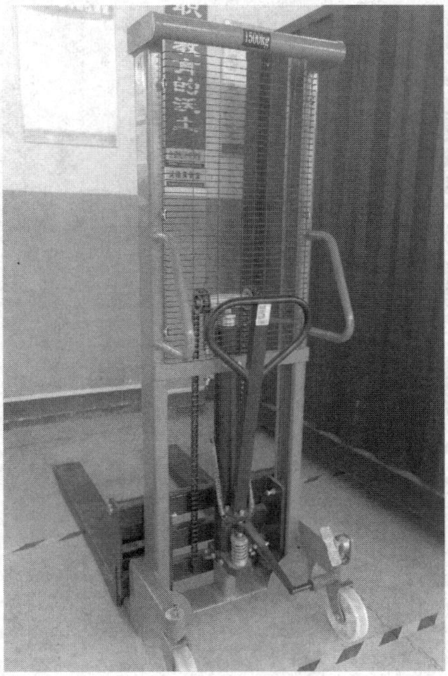

图 2-30　手动堆高车

二、手动堆高车的基本结构

在操作之前，首先要了解手动堆高车的基本结构，下面认识下手动堆高车的主要控制部件，具体见表 2-21。

表 2-21　手动堆高车的主要控制部件

序　号	控制部件图示	名称及说明
1	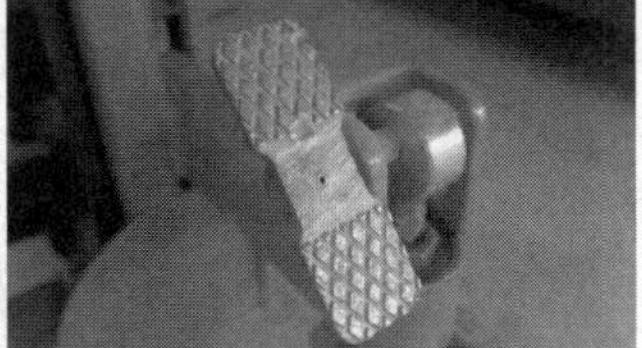	制动踏板，用于停车时制动控制

（续）

序　　号	控制部件图示	名称及说明
2	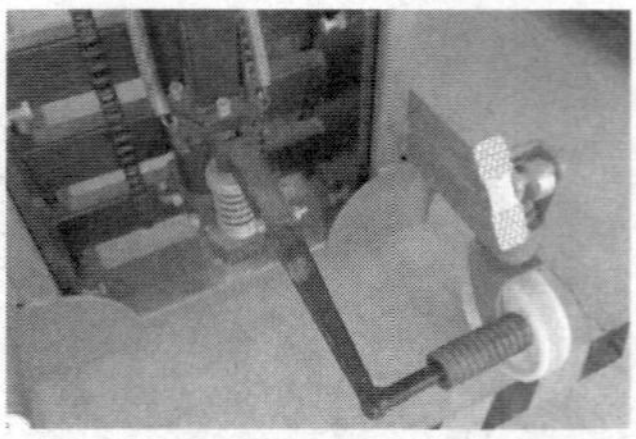	脚踩器，用于起动液压泵，从而起升货叉
3		手柄，上下摆动起动液压泵，使货叉上升
4		控制阀，与手动液压托盘搬运车的舵柄类似，向上握紧即释放液压泵，货叉下降；中间即处于行驶状态；向下即起动液压泵。注意行驶过程中禁止控制阀向下起动液压泵
5		活塞杆和链条，用于起升货叉，有强大的顶升能力。定期维护，如活塞杆加液压油，链条上黄油等
6		防护网，防止在上架过程中发生货物倾倒、货物砸伤操作员等事故

三、操作安全事项

（1）操作手动堆高车过程中，必须佩戴安全帽。

（2）在堆高车行驶过程中，任何人不得站立在货叉上。

（3）起升、降落货叉的过程中，任何人不得站立在货叉上。

（4）任何时候不得有人员站立在货叉下。

（5）降叉速度不能过快，恰当控制控制阀，以合理速度降落货叉。

（6）操作过程中须谨慎小心，不得与人员、其他设备发生碰撞。

➲小知识

据我国对生产物流的统计，机械工厂每生产 1t 成品，须进行 252t 次的装卸搬运，其成本为加工成本的 15.5%。另外，进行装卸操作时往往需要接触货物，这是在物流过程中造成货物破损、散失、损耗、混合等损失的主要环节。

任务实施

步骤一：将全班同学按 4～6 人一组，分成若干组，自选组长。

根据全班同学的情况进行分组，由各组自选组长，并报科任教师。由组长对本组成员进行分工，并组织本组同学完成步骤二～六，科任教师在旁边进行辅导。

步骤二：解说手动堆高车的主要控制部件。

各组讨论学习后，派代表依照堆高车实物，解说手动堆高车的主要控制部件。

步骤三：操作手动堆高车绕桩。

各小组取一辆手动堆高车，按照表 2-22 中的步骤，依次操作手动堆高车绕桩，反复练习，并评价完成质量和测试速度。

表 2-22　手动堆高车绕桩步骤

序　号	步 骤 图 示	步 骤 说 明
1		学生佩戴安全帽到设备存放区，取手动堆高车
2		检查货叉是否降至最低位，若未降至最低位，向上握紧控制阀，将货叉降至最低位
3		解除制动

（续）

序　号	步骤图示	步骤说明
4		按规定线路空车绕桩行驶，一般采取“推车”的方式，双手放在两侧的手柄上控制方向（4根桩间距为1.5m，桩可以用塑料水瓶代替）
5		行驶至保管区指定货架前，停车，踩制动踏板，放下控制阀
6		使用操作手柄或者脚踩器起升货叉至规定高度（规定高度参照重型货架第二层横梁高度）
7		货叉升至规定高度（规定高度参照重型货架第二层横梁高度）后，握紧控制阀释放液压系统，将货叉降至最低位
8		按规定线路，将叉车驶回设备区，制动，交还安全帽

步骤四：操作手动堆高车完成入库上架。

各小组讨论上架流程，按照表 2-23 中的步骤，依次操作手动堆高车完成入库上架，反复练习，并评价完成质量和测试速度。

表 2-23 手动堆高车入库上架步骤

<table>
<tr><th>序 号</th><th>步骤图示</th><th>步骤说明</th></tr>
<tr><td>1</td><td></td><td>学生佩戴安全帽到设备存放区，取手动堆高车</td></tr>
<tr><td>2</td><td>

</td><td>确认储位：利用 RF 手持终端扫描托盘标签，下载入库上架任务，或者查看储位分配单</td></tr>
<tr><td>3</td><td></td><td>将堆高车的货叉缓慢地插入须上架的托盘，制动，放下手柄，起动液压系统，摇动手柄或者用脚踏板使得托盘离地</td></tr>
<tr><td>4</td><td></td><td>松开制动踏板，将托盘移动至相应的储位货架正前下方</td></tr>
<tr><td>5</td><td></td><td>制动，放下手柄，起动液压系统，摇动手柄或者用脚蹬踏板使得托盘缓慢上升至储位层高度，托盘底要高出横梁 2～3cm 底</td></tr>
</table>

（续）

序号	步骤图示	步骤说明
6		松开制动踏板，将托盘平移进储位，注意不要碰到其他货物或货架
7		制动，释放液压系统，将货叉慢慢放下，注意不要碰到横梁
8		确认托盘稳定放置在货架储位后，放开制动踏板，将货叉平移出托盘
9		当货叉完全平移出托盘后，制动，释放液压系统，将货叉放到底，但不要碰到地面
10		确认目标货位地址：用 RF 手持终端扫描储位，确认上架
11		将手动堆高车推至设备存放区

步骤五：各组组长对本组成员进行评分，每组派 1 名代表为其他组评分。

组长根据小组成员的团队合作和任务完成情况进行评分；各组评分代表进行评分，评分代表所评的平均分为该组得分。评分要素见表 2-24。

表 2-24　评分要素

序　号	作业环节	说　明	分值/分	扣分/分
1	堆高车操作	①制动操作不当（按发生次数计数）：停止、起升货叉时未按规定踩下制动踏板，行驶时未松开制动踏板；②不规范停放（按发生次数计数）：停放堆高车时须踩下制动踏板，并将货叉降下	20（5 分/次）	
2		行进过程中，货叉离地超过 30cm（按发生次数计数）	10（5 分/次）	
3		驾驶堆高车时未戴安全帽	10	
4	安全	作业过程中人员、设备、设施之间发生碰撞或者人员摔倒	10	
5		设备无人看管	20（10 分/次）	
6		①行驶、升降过程中，人员站立在货叉上；②货叉下有人站立；③控制阀放得太快	20（5 分/次）	
7	7S 要素	堆高车未归位	10	

步骤六：教师点评，评定各组等级。

科任教师对各组进行点评，给出各组评分。

任务二　操作半电动堆高车完成入库上架

任务描述

1. 各组讨论学习后，派代表解说半电动堆高车的主要控制部件。
2. 各小组讨论上架流程，按照操作步骤，依次操作半电动堆高车完成入库上架。

任务准备

一、半电动堆高车概述

半电动堆高车是电动升降、操作简便、环保高效的新型堆垛机械，如图 2-31 所示。所谓半电动，是指水平移动依靠手动实现，垂直搬运托盘货物依靠电动实现。它广泛应用于高架货物、托盘的移动及堆垛。在工厂、仓库、物流中心等众多场所，使用半电动托盘堆垛车进行单元化的托盘堆垛，既安全又高效。尤其在一些狭窄通道、楼面、高架仓库等工作场所，更能充分体现出其卓越的灵活、宁静和环保性能。

图 2-31　半电动堆高车

二、半电动堆高车的基本结构

半电动堆高车的结构和手动堆高车差不多，主要区别在于它上升货叉的动力系统依靠电能。下面介绍半电动堆高车的主要控制部件，见表 2-25。

表 2-25　半电动堆高车的主要控制部件

序　号	控制部件图示	名称及说明
1		制动踏板，用于停车时制动控制
2	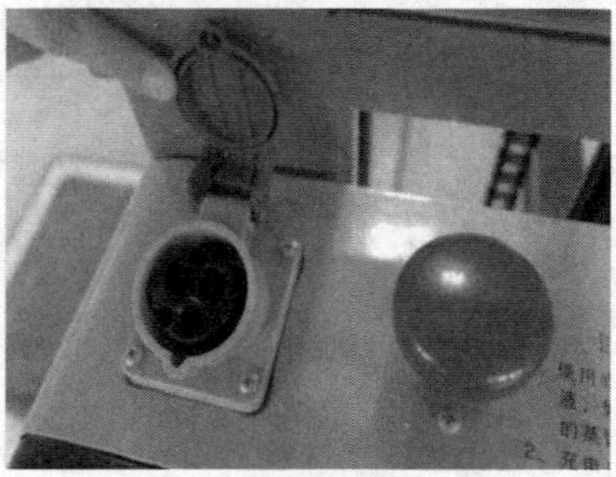	充电接口，连接专用充电器充电使用
3		操控手柄，向前推即货叉上升，向后推即货叉下降

（续）

序　　号	控制部件图示	名称及说明
4		电源开关，总的电源控制，向上抬即打开电源，向下按即切断电源
5		电量显示器，启动开关后，此处显示电量
6		门架、活塞杆、链条和防护网，此门架为三级门架

说明：半电动堆高车操作的安全警示与手动堆高车一样，请在执行任务时务必严格遵守。

任务实施

步骤一：将全班同学按 4～6 人一组，分成若干组，自选组长。

根据全班同学的情况进行分组，由各组自选组长，并报科任教师。由组长对本组成员进行分工，并组织本组同学完成步骤二～五，科任教师在旁边进行辅导。

步骤二：解说半电动堆高车的主要控制部件。

各组讨论学习后，派代表解说半电动堆高车的主要控制部件。

步骤三：操作半电动堆高车完成入库上架。

各小组讨论上架流程，按照表 2-26 中的步骤，依次操作半电动堆高车完成入库上架，反复练习，并评价完成质量和测试速度。

表 2-26　半电动堆高车入库上架

<table>
<tr><th>序　号</th><th>步骤图示</th><th>步骤说明</th></tr>
<tr><td>1</td><td></td><td>学生佩戴安全帽到设备存放区，取手动堆高车。开启电源，检查电量是否充足</td></tr>
<tr><td>2</td><td>
<table>
<tr><td colspan="9">储位分配单</td></tr>
<tr><td colspan="9">操作编码：000000000045348</td></tr>
<tr><td>作业单号</td><td colspan="3">000000000022675</td><td>库房</td><td colspan="4">一号库</td></tr>
<tr><td colspan="9">货品明细</td></tr>
<tr><td>位置</td><td>货品编码</td><td>货品名称</td><td>规格</td><td>批次</td><td>应放</td><td>实放</td><td>单位</td><td>备注</td></tr>
<tr><td>C00880-B00100</td><td>9787798966879</td><td>电风扇</td><td></td><td>000001</td><td>20</td><td></td><td>箱</td><td></td></tr>
</table>
</td><td>确认储位：利用 RF 手持终端扫描托盘标签，下载入库上架任务，或者查看储位分配单</td></tr>
<tr><td>3</td><td></td><td>将堆高车的货叉缓慢地插入须上架的托盘，制动，手柄向前推起升货叉，使得托盘离地</td></tr>
<tr><td>4</td><td></td><td>松开制动踏板，将托盘移动至相应的储位货架正前下方</td></tr>
</table>

（续）

序号	步骤图示	步骤说明
5		制动，放下手柄，起动液压系统，手柄向前推起升货叉，使得托盘缓慢上升至储位层高度，托盘底要高出横梁 2～3cm
6		松开制动踏板，将托盘平移进储位，注意不要碰到其他货物或货架
7		制动，手柄向后推下降货叉，将货叉慢慢放下 2～3cm，注意不要碰到横梁
8		确认托盘稳定放置在货架储位后，松开制动踏板，将货叉平移出托盘
9		当货叉完全平移出托盘后，制动，手柄向后推，放下货叉，将货叉放到底，但不要碰到地面
10		确认目标货位地址：用 RF 手持终端扫描储位，确认上架

（续）

序　号	步骤图示	步骤说明
11		将堆高车推至设备存放区

步骤四：各组组长对本组成员进行评分，每组派 1 名代表为其他组评分。

组长根据小组成员的团队合作和任务完成情况进行评分；各组评分代表进行评分，评分代表所评的平均分为该组得分。评分要素见表 2-27。

表 2-27　评分要素

序　号	作业环节	说　明	分值/分	扣分/分
1	堆高车操作	①制动处置不当（按发生次数计数）：停止、起升货叉时未按规定踩下制动踏板，行驶时未松开制动踏板；②不规范停放（按发生次数计数）：停放堆高车时须踩下制动踏板，并将货叉降下	20（5 分/次）	
2		行进中，货叉离地超过 30cm（按发生次数计数）	10（5 分/次）	
3		驾驶堆高车时未戴安全帽	10	
4	安全	作业过程中人员、设备、设施之间发生碰撞或者人员摔倒	10	
5		设备无人看管	20（10 分/次）	
6		①行驶、升降过程中，人员站立在货叉上；②货叉下有人站立；③控制阀放得太快	20（5 分/次）	
7	7S 要素	堆高车未归位	10	

步骤五：教师点评，评定各组等级。

科任教师对各组进行点评，给出各组评分。

项目评价

小组名称		成员名字				
考评标准	考评项目	分值/分	组内评分	他组评分	教师评分	实际得分
	解说手动堆高车的主要控制部件	5				
	操作手动堆高车绕桩	20				
	操作手动堆高车入库上架	20				
	解说半电动堆高车的主要控制部件	5				
	操作半电动堆高车完成入库上架	20				
	语言表达	15				
	团队合作	15				
合　计		100				

注：实际得分=组内评分×30%+他组评分×30%+教师评分×40%。

巩固提高

一、判断题

1. 手动堆高车的操控无论是水平移动车辆还是垂直升降都可自动实现。（　　）

2. 手动堆高车特点是运输灵巧、操作灵活、转弯半径小。（　　）

3. 所谓半电动，是指水平移动依靠电动实现，垂直搬运托盘货物依靠手动实现。（　　）

4. 手动堆高车适用于高架货物、托盘的移动及堆垛。（　　）

5. 无论是手动堆高车还是半自动堆高车，在车辆停下来时必须踩制动踏板。（　　）

二、单选题

1. 操作步骤主要包括入库前准备工作、搬运到存储区域以及按照合适的方法将货品存放到指定储位的作业是（　　）。

A．搬运作业　　B．合流作业　　C．入库上架作业　　D．拣货作业

2. 入库上架作业流程为（　　）。

A．入库前检查→搬运入储位→商品核对→储位确认

B．入库前检查→商品核对→搬运入储位→储位确认

C．入库前检查→商品核对→储位确认→搬运入储位

D．入库前检查→储位确认→商品核对→搬运入储位

3. 进货入库的最后环节是（　　）。

A．预收货　　B．卸货　　C．验收　　D．入库上架

三、多选题

1. 下列关于手动堆高车的操作安全事项描述正确的是（　　）。

A．操作手动堆高车过程中，必须佩戴安全帽

B．任何时候，不得有人站立在货叉下

C．降叉速度不能过快，应适当控制控制阀，以合理速度降落货叉

D．在堆高车停止行进时，如果有需要可以站立在货叉上

2. 下列属于半电动堆高车的基本构造的是（　　）。

A．脚制动　　B．充电接口　　C．电量显示器　　D．控制手柄

3. 关于手动堆高车的控制阀，下列说法正确的是（　　）。

A．向上握紧即释放液压泵，货叉下降

B．中间为处于行驶状态

C．向下即起动液压泵，上下液压，货叉上升

D．行驶过程中禁止控制阀向下起动液压泵

知识能力提升

装卸搬运的“高手”——叉车

叉车是工业搬运车辆，是指对成件托盘货物进行装卸、堆垛和短距离运输作业的各种轮

式搬运车辆。常用于仓储大型物件的运输，通常使用燃油机或者电池驱动。叉车在企业的物流系统中扮演着非常重要的角色，是物料搬运设备中的主力军，广泛应用于港口、车站、机场、货场、工厂车间、仓库、流通中心和配送中心等，在船舱、车厢和集装箱内进行托盘货物的装卸、搬运作业，是托盘运输、集装箱运输中必不可少的设备。

职业素养提升

小张是某仓储企业的装卸工，负责货物的装卸搬运和堆叠。小李是该仓储企业的仓管员，负责货物的日常保管工作。某日，小李向仓储物流部经理告了小张一状，说每次小张在完成装卸工作之后所在工作区的地面总是有很多垃圾。小李觉得每位工作人员工作完毕后有责任清理现场，保持工作区整洁。物流经理叫来小张，小张却不以为然地说："我的工作职责是装卸搬运，打扫卫生这种活不在我的职责范围内，我又不是清洁工。"

面对这种状况，请问：

（1）小张的行为对吗？为什么？

（2）如果你是物流经理，你该怎么处理这件事？

模块三

在库作业

项目一　流通加工作业

项目描述

小明、小李和小白完成了入库作业，接下来的任务是完成在库作业。在库作业包括流通加工作业、补货作业和盘点作业。那么如何完成流通加工项目呢？流通加工需要用到哪些搬运设备呢？如何利用这些设备完成流通加工作业？

要完成流通加工作业，可以通过以下几个方面的学习。首先，要学习小件货物搬运的重要设备手推车的操作。然后，用手推车将零散货物搬运至指定流通加工工作台。最后，在工作台上完成流通加工作业。

此项目包含两个任务：小件货物搬运；流通加工操作。

项目目标

1. 知识目标

（1）了解流通加工的类型。

（2）知晓流通加工的作用。

（3）认识手推车。

2. 技能目标

（1）掌握小件货物搬运方法。

（2）掌握流通加工操作。

3. 职业素养

流通加工作业的职业素养。

任务一　小件货物搬运

任务描述

各组讨论后，按照操作步骤，依次进行小件货物搬运作业，即根据流通加工单从货架区取相应的货品放入周转箱内并推行至加工区，待加工或装箱作业的操作。

任务准备

一、小件货物搬运的概念

小件货物搬运是指利用手推车、周转箱等工具将零散的小件货物搬运至流通加工区、分拣区或理货区。

二、手推车的概念及特点

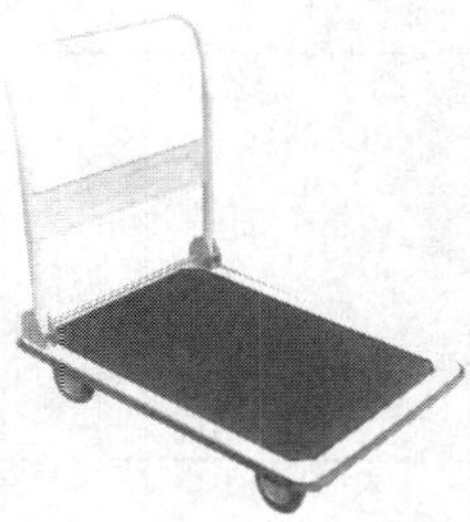

图 3-1　手推车

手推车是一种以人力驱动为主（一般为无动力装置），在路面上水平运输货物的小型搬运车辆的总称，如图 3-1 所示。其搬运作业距离为短距离，承载能力一般在 500kg 以下。其特点是轻巧灵活、易操作、转弯半径小，是短距离输送较小、较轻物品的一种方便而经济的运输工具。

三、操作手推车的注意事项

（1）禁止使用手推车载人。

（2）禁止操作员单脚踩在手推车上滑行。

（3）禁止手推车载货逆向推行。

任务实施

步骤一：将全班同学按 4～6 人一组，分成若干组，自选组长。

根据全班同学的情况进行分组，由各组自选组长，并报科任教师。由组长对本组成员进行分工，并组织本组同学完成步骤二～四，科任教师在旁边进行辅导。

步骤二：小件货物搬运。

根据流通加工单（见图 3-2），各组讨论，依次进行小件货物搬运作业。

流通加工任务单

仓库：佳通1号仓库　　　　加工指令号：　JG20120604

货品条码	货品名称	类型	单位	数量	备注
6900000000113	小熊学习系列套装第一阶段	套件	套	4	1套《小熊学习系列套装第一阶段》由1个《小熊学电脑第一阶段》、1个《小熊学英语第一阶段》、1个《小熊学美术第一阶段》和1个《小熊学数学第一阶段》组成
6900000000205	小熊学数学套装（阶段1-4）	套件	套	3	1套《小熊学数学套装（阶段1-4）》由1个《小熊学数学第一阶段》、1个《小熊学数学第二阶段》、1个《小熊学数学第三阶段》和1个《小熊学数学第四阶段》组成
6900000000120	小熊学习系列套装第二阶段	套件	套	2	1套《小熊学习系列套装第二阶段》由1个《小熊学美术第二阶段》、1个《小熊学数学第二阶段》、1个《小熊学英语第二阶段》和1个《小熊学电脑第二阶段》组成

图 3-2　流通加工单（参考）

各组同学按照表 3-1 中的步骤，从货架区取相应的货品放入周转箱内并推行至加工区，以考验学生识单拣货和操作手推车的能力。

表 3-1　小件货物搬运

序　　号	步 骤 图 示	步 骤 说 明
1	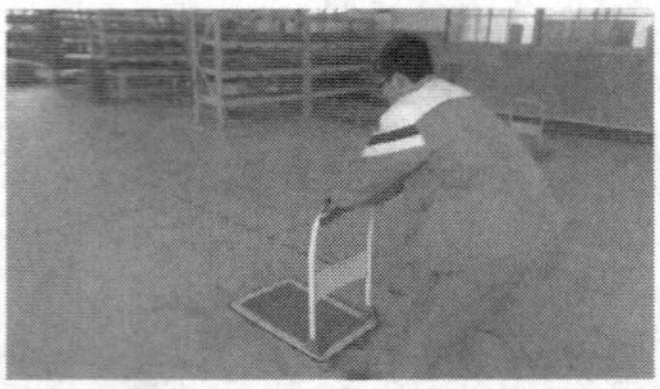	利用手持终端 RF 下载流通加工作业任务并启动，根据流通加工作业单取设备
2		将手推车推至周转箱摆放区，根据流通加工单取一定数量的周转箱放置在手推车上
3		扫描货位条码和货品条码
4		将货品从相应货位取出放至周转箱
5		流通加工搬运，利用手推车搬运至加工作业区
6		将车安全地推至加工区卸货，等待流通加工；将手推车、周转箱归位

步骤三：各组组长对本组成员进行评分，每组派 1 名代表为其他组评分。

组长根据小组成员的团队合作和任务完成情况进行评分；各组评分代表进行评分，评分代表所评的平均分为该组得分。

步骤四：教师点评，评定各组等级。

科任教师对各组进行点评，给出各组评分。

任务二　流通加工操作

任务描述

1. 各组讨论学习，根据流通加工通知单的要求，依照操作步骤，操作仓储管理系统完成流通加工单的制作。

2. 各组讨论，根据流通加工单，依照操作步骤完成流通加工操作。

任务准备

一、流通加工的概念

流通加工是货品从生产地到使用地的过程中，根据需要施加包装、分割、计量、分拣、刷标志、栓标签、组装等简单作业的总称。

二、流通加工的类型

1. 保存产品

使产品的使用价值得到妥善的保存，延长产品寿命，如水产品、肉产品的保鲜、保质冷冻加工，木材的防腐、防干裂加工等。

2. 提高产品利用率，方便用户

通过集中加工的规模效应来减少原材料的浪费，提高加工质量，如钢材、木材的集中下料，搭配套材等。

3. 提高物流效率，降低物流损失

为了便于运输和保质，改变产品的形态，或者保持半成品未组装的形式，如气体液化、造纸用木材磨成木屑等。

4. 适应多样化需求

为了满足客户对产品的多样化需求，将产品进行多样化的改包装、组合包装，如化妆品、食品的套装，礼盒包装等。

5. 满足经销需要

有些进口商品需要贴中文标志、税单等，如外国酒水等进口商品要在瓶子上贴中文标志和经销商名称。

三、流通加工的作用

（1）提高原材料利用率。

（2）进行初级加工、方便用户。

（3）提高加工效率及设备利用率。

任务实施

步骤一：将全班同学按 4～6 人一组，分成若干组，自选组长。

根据全班同学的情况进行分组，由各组自选组长，并报科任教师。由组长对本组成员进行分工，并组织本组同学完成步骤二～五，科任教师在旁边进行辅导。

步骤二：制作流通加工单。

根据流通加工通知单的要求（教师提供），各组讨论学习，依照表 3-2 中的步骤，操作仓储管理系统，完成流通加工单的制作，并将流通加工单交至仓管员（教师或同学扮演）。

表 3-2　流通加工单的制作

序　　号	步骤图示	步骤说明
1		信息员在仓储管理系统中，根据出库订单和库存的实际情况，按需生成流通加工订单
2	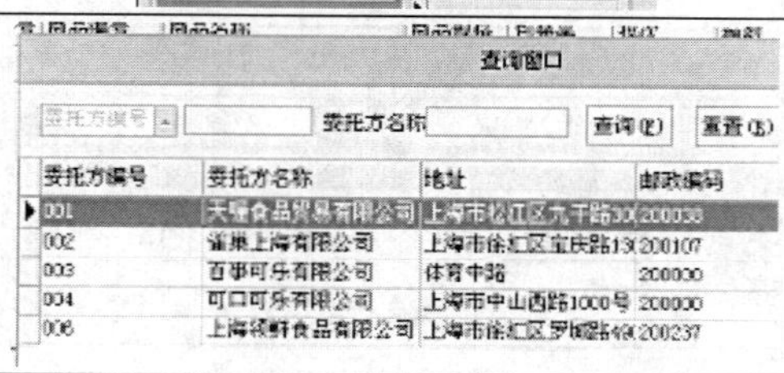	信息员根据要求填写委托方编号、委托方名称
3	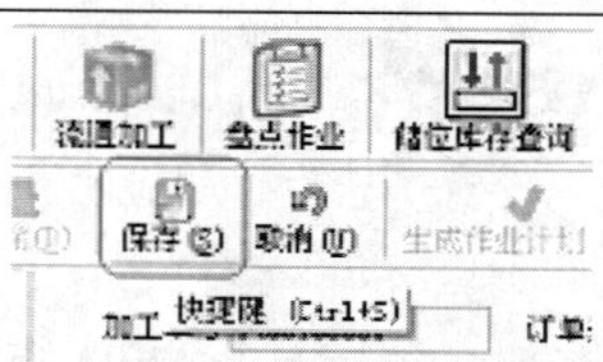	信息录入完毕后及时保存，以免信息单据流失
4	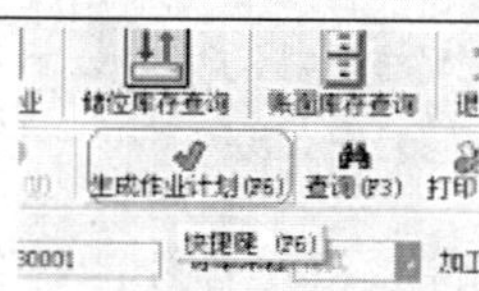	录入信息确认后，生成作业计划
5		预览流通加工单，审核无误后打印

步骤三：流通加工操作。

根据流通加工单，各组讨论，以“组合包装光盘”为例，依照表3-3中的步骤，完成流通加工操作。依次作业，各组派两名同学负责复位。

表3-3　流通加工操作

序　号	步骤图示	步骤说明
1		利用RF手持终端下载流通加工操作指令，通过流通加工搬运，利用手推车搬运至加工作业区
2		站于加工作业区工作台前，按要求取货品和包装材料，进行加工操作。“组合包装光盘”即按照流通加工单的要求，将选取相应的光盘组合成套装，以待出库
3		利用手持终端RF确认，完成流通加工作业
4		流通加工上架。利用手持终端RF扫描加工完成的货品条码，获得目标货位后，将货品搬运至小件存放区并放入指定货位，扫描货位条码，确认上架任务
5		流通加工作业完毕，设备归位

步骤四：各组组长对本组成员进行评分，每组派 1 名代表为其他组评分。

组长根据小组成员的团队合作和任务完成情况进行评分；各组评分代表进行评分，评分代表所评的平均分为该组得分。

步骤五：教师点评，评定各组等级。

科任教师对各组进行点评，给出各组评分。

任务评价

小组名称		成员名字				
考评标准	考评项目	分值/分	组内评价/分	他组评/分	教师评/分	实际得分
	小件货物搬运操作	20				
	流通加工单制作	20				
	流通加工操作	20				
	安全素养	10				
	语言表达	15				
	团队合作	15				
合　计						

注：实际得分=组内评分×30%+他组评分×30%+教师评分×40%。

巩固提高

一、判断题

1. 流通加工对所有物流活动都是必要的。（　）
2. 内包装既可以美化商品、吸引顾客，又可以保护商品。（　）
3. 流通加工是物流活动的七个基本职能之一。（　）
4. 流通加工在时间效用和场所效用这两个功能方面十分重要，因此是物流的主要功能要素。（　）

二、单选题

1. 通过改变或完善流通对象的形态来实现“桥梁和纽带”作用，是生产的一种延续的是（　）。

A．包装　B．运输　C．仓储　D．流通加工

2. 下列哪种类型的仓库可以满足多种流通加工等处理工序的需要，且在宽度不足的仓库可以作业？（　）

A．U 形动线　B．I 形动线　C．S 形动线　D．L 形动线

3. 对钢材卷板的舒展、剪切加工属于流通加工类型中的（　）。

A．为方便消费、省力所进行的流通加工

B．为保护产品所进行的流通加工

C．为促进销售所进行的流通加工

D．为适应多样化需要所进行的流通加工

4. 将蔬菜、肉类洗净切块以满足消费者要求的流通加工类型是（　）。

A．为促进销售所进行的流通加工

B．为提高加工效率所进行的流通加工

C．为衔接不同的运输方式，使物流更加合理所进行的流通加工

D．生产—流通一体化的流通加工

5．流通加工的对象是（　　）。

A．原材料　B．半成品　C．成品　D.进入流通过程的商品

6．流通加工的程度相对生产加工来说属于（　　）。

A．复杂加工　B．简单加工　C．分布加工　D．全程加工

7．（　　）弥补了生产加工的不足。

A．流通加工　B．包装　C．仓储　D．配送

8．下列选项中不属于流通加工的合理化表现形式的是（　　）。

A．加工和配送相结合　B．加工与配套相结合

C．合理设置流通加工　D．流通加工地点设置在生产地区

9．物流中起到保护商品、方便流通及降低流通费用作用的环节是（　　）。

A．流通加工　B．包装　C．仓储　D．配送

三、多选题

1．流通加工在物流中的重要性主要体现在（　　）。

A．有效完善流通功能　B．是物流的重要利润来源

C．使运输更加便利　D．在国民经济中是重要的加工形式

2．流通加工的内容包括（　　）。

A．袋装、分隔　B．定量化小包装

C．拴牌子、贴标签、刷标记　D．拣选、分类

3．流通加工和一般的生产型加工的区别在于（　　）等方面。

A．加工方法　B．加工对象　C．加工目的　D．加工程度

4．下列属于流通加工作用的是（　　）。

A．弥补生产加工的不足　B．方便配送

C．提高劳动生产率　D．提高物流生产率

知识能力提升

流通加工相关设备

1．贴标机

贴标机按自动化层次可以分为手工、半自动、全自动三种；全自动贴标机分为接触式和非接触式两种。在物流中心的作业中，以半自动贴标机为最多。

2．封箱机

封箱作业按自动化层次的不同，可以分为手工方式、半自动方式、全自动方式等；根据封箱材料的不同，可以分为胶带封箱、热熔胶封箱、打钉（铝钉、铜钉）封箱等。

3．热收缩包装机

热收缩包装依封切方式大致上可分为四面封、三面封、L 形封及一面封四种；若以货品

形状而言，则有正方形、长条形、薄片形及不规则形四种。机器设备的选择主要参考货品包装的数量来确定。目前在流通加工中，使用半自动或手动的比较多。

职业素养提升

2014 年，小张和小李同时被学校分配到某知名快递公司顶岗实习，月薪为 1800 元，两个人高兴极了，准备大干一场，争取成为正式员工。一到实习岗位，他们就傻眼了，被安排做流通加工，工作强度大，枯燥乏味，最要命的是昼夜颠倒。尽管如此，他们还是咬牙坚持，希望能快点换岗位。小李在校经常参加体育锻炼，他把这份工作当作一次锻炼。而小张是独生子，一直都是父母的心肝宝贝，从没干过这样的体力活，很快就有些懈怠了，工作时野蛮操作，趁师傅不在将包裹扔进分拣区。晚上工作时，小张还经常打瞌睡，白天休息时间却出去玩，经企业指导师傅的多次提醒还是不改。一个月后，小李因表现出色换了仓管的岗位并提前被企业录用，小张被劝退回学校了。

（1）小李和小张在工作的态度上有何区别？

（2）为了更好地完成企业岗位的工作任务，中职学生应该有哪些准备？

（3）为了更进一步把握机会，小李应该如何做？

项目二　补货作业

项目描述

在上个项目中，佳通物流公司1号仓库的仓管员小明完成了流通加工作业，下面我们来学习补货作业。在接到客户的订单后，信息员小李查看拣货位各种货品的数量，确定拣货位货品数量充足，若拣货位货品数量不足，则生成补货单，交补货员进行补货。

要完成补货作业，可以通过以下几个方面的学习。首先，学习什么是补货作业，补货作业有哪些方式；然后，认识补货作业需要用到的设备；最后，根据补货流程，完成补货作业。

本项目包含两个任务：整箱补货；拆零补货。

项目目标

1. 知识目标

（1）掌握补货方式。

（2）了解补货时间。

2. 技能目标

（1）掌握补货单的制作。

（2）能够完成堆高车下架作业。

（3）能够完成拆零补货作业。

（4）掌握拆箱操作要领。

3. 职业素养

补货作业相关的职业素养。

任务一　整箱补货

任务描述

1. 按照补货通知的要求，各组讨论学习，根据补货单信息，依次操作仓储管理系统，制作补货单。

2. 根据制作完成的整箱补货单，各组同学按照操作步骤，依次进行整箱补货作业。

任务准备

一、补货作业概述

补货作业是补货员根据补货标签对拣货区货品进行数量补充、搬运的过程，是分拣作业的准备工作，它的作业质量直接影响着拣货效率。

在仓储作业中，补货作业具有重要的地位。因为补货作业是分拣作业的准备工作，它的作业质量直接影响着拣货效率。补货作业是对分拣区的订单货品进行数量补充，补货前对货品的外包装、名称、数量和条码等信息进行核对是后续操作顺利进行的保证。因此，补货作业的好坏直接决定了后续作业效率的高低，若补货作业出了问题，会导致后续作业的失误，严重的还会导致作业的中断。所以做好补货作业，有利于提高物流作业的整体作业效率。

二、补货作业方式

补货作业方式包括整箱补货、拆零补货和托盘补货。

（1）整箱补货是指从存储区将货品整箱搬运到分拣区，由拣货员根据订单拣货。这种补货方式适合体积小、量少但品种多的物品。

（2）拆零补货是指从周转区将货品搬运到拣货区，开包装并对相应货品补货。

（3）托盘补货是指以托盘为单位进行补货，补货人员将托盘由保管区运到拣选区，然后拣选人员将托盘上的物品搬运至输送机。这种补货方式适合体积大或出货量大的物品。

三、整箱补货流程

整箱补货的基本流程如图 3-3 所示。

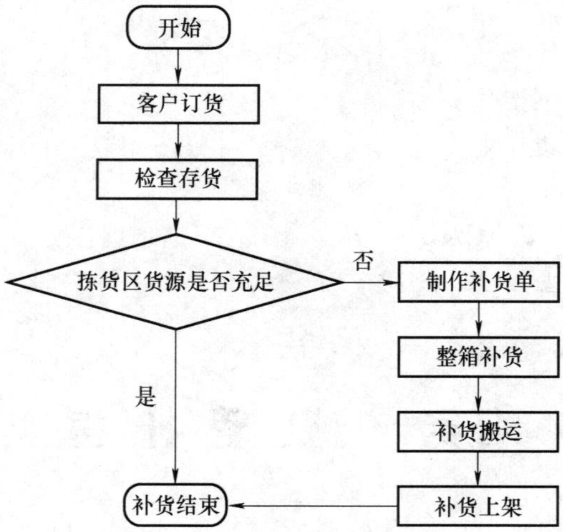

图 3-3　整箱补货流程

任务实施

步骤一：将全班同学按 4～6 人一组，分成若干组，自选组长。

根据全班同学的情况进行分组，由各组自选组长，并报科任教师。由组长对本组成员进行分工，并组织本组同学完成步骤二～五，科任教师在旁边进行辅导。

步骤二：制作补货单。

按照补货通知的要求（可参照图 3-4 和图 3-5），各组讨论学习。

补货通知单

客户指令号：CK20120601

仓库：佳通1号仓库　　收货人：人人乐

货品条码	货品名称	规格	单位	数量	保管区储位	分拣区储位	备注
223982055	丽邦卷筒纸		箱	8			

图 3-4　整箱补货通知单

补货通知单

客户指令号：CK20120601

仓库：佳通1号仓库　　收货人：人人乐

货品条码	货品名称	规格	单位	数量	保管区储位	分拣区储位	备注
228682891	优选卷筒纸		卷	20			

图 3-5　零散补货通知单

然后，参照表 3-4 中的步骤，依次操作仓储管理系统，制作补货单，打印后将补货单交至仓管员（由教师或同学扮演），评价操作的正确性和速度。

表 3-4　补货单的制作步骤

序　号	步骤图示	步骤说明
1		进入补货界面，单击“增加”按钮，增加新订单
2	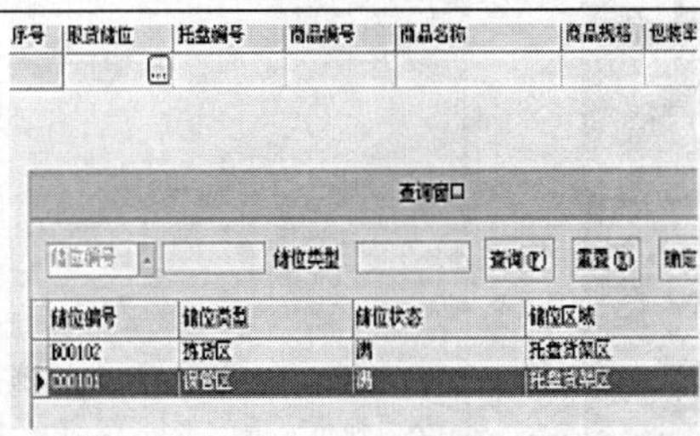	单击“取货储位”空格，在查询窗口中，根据储位编号、储位类型、储位状态和储位区域，选择取货储位
3	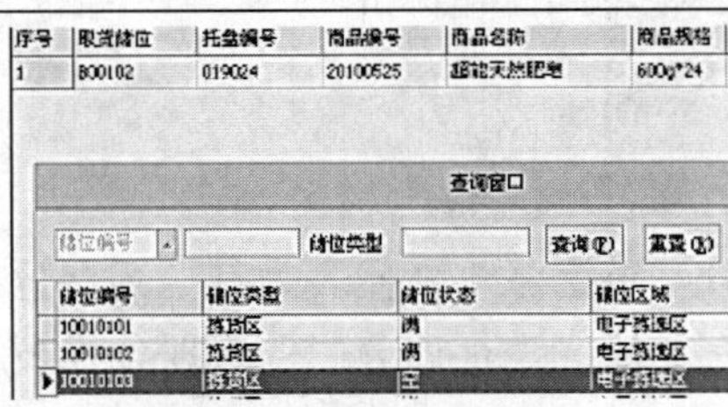	单击“目标储位”空格，在查询窗口中根据储位编号、储位类型、储位状态和储位区域，选择目标储位。注意整箱储位与零散储位区不同
4		整箱补货在“箱数”处、零散补货在“零散”处填写补货数量，填好后保存订单信息
5		确认无误后，单击“生产补货作业”按钮生成补货单，打印补货单。完成后，递交补货单

步骤三：整箱补货作业。

根据制作完成的整箱补货单，各组同学按照表 3-5 中的步骤，依次进行整箱补货作业，评价操作的正确性和速度。

表 3-5　整箱补货作业

序　号	步骤图示	步骤说明
1		仓管员到信息区取单，或者在 RF 手持终端中下载补货指令
2		使用堆高车，到保管区相应位置取货下架，将整箱托盘放置在货物交接区，将设备归位
3		使用手动液压托盘搬运车，到货物交接区取托盘货物，搬运至分拣区指定储位的相应位置，将设备归位
4		拣取相应箱数的货物，并确认储位。将设备归位，整箱补货完成

步骤四：各组组长对本组成员进行评分，每组派 1 名代表为其他组评分。

组长根据小组成员的团队合作和任务完成情况进行评分；各组评分代表进行评分，评分代表所评的平均分为该组得分。

步骤五：教师点评，评定各组等级。

科任教师对各组进行点评，给出各组评分。

任务二　拆 零 补 货

任务描述

根据补货单信息，完成拆零补货作业。

任务准备

一、拆零补货流程

拆零补货的基本流程如图 3-6 所示。

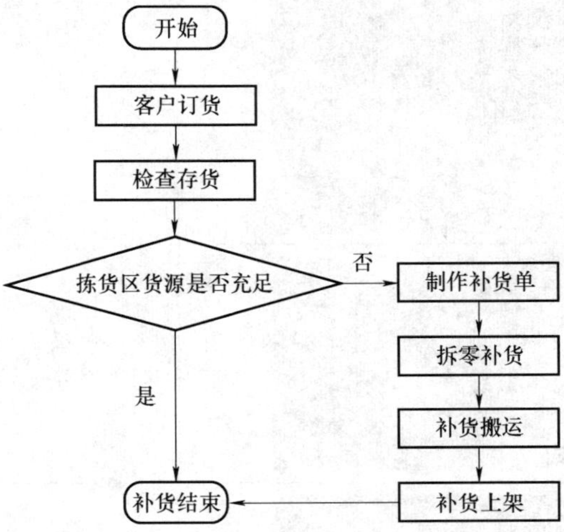

图 3-6　拆零补货流程

二、拆零补货操作要点

（1）取到的货品不能直接扔到地上，应该轻拿轻放。
（2）取完货后，要保持托盘上其余货品的整齐。
（3）取下的货品要放到指定地点（货架前端），并且摆放整齐。
（4）从左到右按尺码由大到小的顺序摆放货品，并且保持货品整齐美观。
（5）在摆放过程中应该注意查看原箱中是否有错。
（6）空箱应拆散后放置到指定地点，箱中若有纸袋，则整理装箱后放置于暂存区以备后用。
（7）如果取不到补货表上注明的数量，则按实际取到的数量来修改补货表上的取货数量。

任务实施

步骤一：将全班同学按 4～6 人一组，分成若干组，自选组长。

根据全班同学的情况进行分组，由各组自选组长，并报科任教师。由组长对本组成员进行分工，并组织本组同学完成步骤二～四，科任教师在旁边进行辅导。

步骤二：拆零补货作业。

各组同学根据制作完成的拆零补货单，按照表 3-6 中的步骤，依次进行拆零补货作业，评价操作的正确性和速度。

表 3-6　拆零补货作业

序　号	步 骤 图 示	步 骤 说 明
1	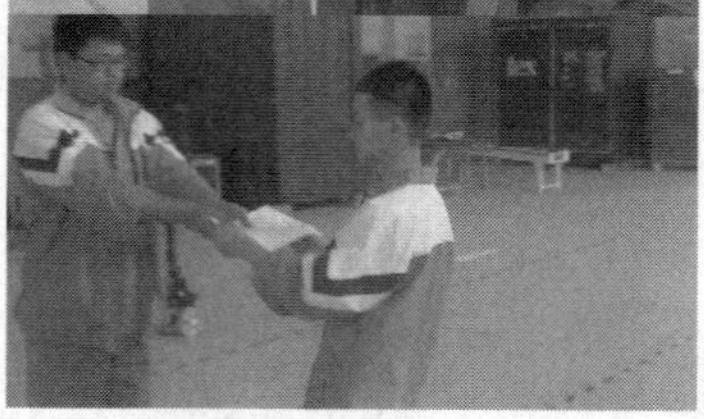	仓管员到信息区取单，或者在 RF 手持终端中下载补货指令
2		使用堆高车，到保管区相应位置取货下架，将整箱托盘放置在货物交接区，将设备归位
3		使用手动液压托盘搬运车，到货物交接区取托盘货物，搬运至小件分拣区指定托盘暂存区
4		根据货物的包装率，取正确数量的货箱。双手单件搬运或者使用手推车，将货箱搬运至小件分拣货架指定的储位相应位置
5	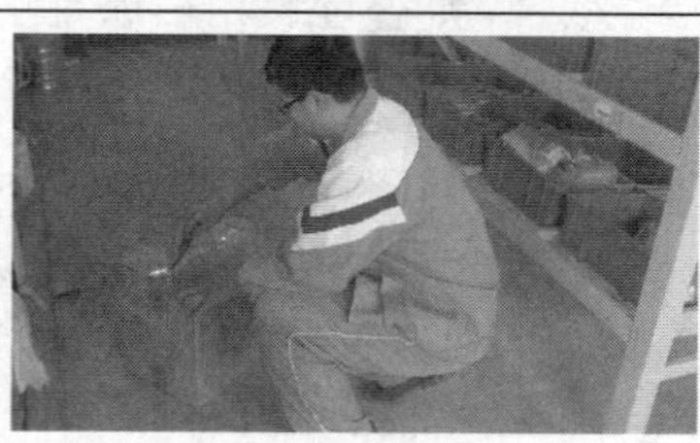	使用拆箱工具拆箱
6		从箱内取出零散货物，放入周转箱

（续）

序　号	步骤图示	步骤说明
7		拆箱后将纸箱放置到相应的暂存区，下架托盘放置于暂存区或放回保管区货架，设备归位，拆零补货完成

步骤三：各组组长对本组成员进行评分，每组派 1 名代表为其他组评分。

组长根据小组成员的团队合作和任务完成情况进行评分；各组评分代表进行评分，评分代表所评的平均分为该组得分。

步骤四：教师点评，评定各组等级。

科任教师对各组进行点评，给出各组评分。

项目评价

小组名称		成员名字				
考评标准	考评项目	分值/分	组内评分	他组评分	教师评分	实际得分
	补货单的制作	15				
	整箱补货操作	20				
	拆零补货操作	20				
	安全素养	15				
	语言表达	15				
	团队合作	15				
合　计		100				

注：实际得分=组内评分×30%+他组评分×30%+教师评分×40%。

巩固提高

一、判断题

1．补货时，如拣货位上无法补完此种货品，则放到拣货区。（　　）

2．补货员应时时观察拣货位上货品的出货情况，主动补货。（　　）

3．信息员查询存货信息后根据需要打印补货标签，补货员根据补货标签到相应的货位取货。（　　）

4．补货作业是补货员根据补货标签对拣货区货品进行数量补充、搬运的过程。（　　）

5．在补货时，如发现包装损坏、内装与名称不符、数量不对时，应及时反映给信息员处理。（　　）

二、单选题

1．下面作业中哪个是分拣作业的准备工作，且其作业质量直接影响着拣货效率？（　　）

A．流通加工　　　　B．接单作业

C．补货作业　　D．检验作业

2．从周转区将货品搬运到拣货区，开包装并对相应货品补货的补货出货方式为（　　）。

A．拆零补货　　B．整箱补货

C．大宗补货　　D．少批量补货

3．以下指标不能衡量补货作业好坏的是（　　）。

A．补货数量误差率　　B．订单满足率

C．补货品合格率　　D．补货时间延迟率

三、多选题

1．补货作业根据货品的出货方式可以分为（　　）。

A．整批补货　　B．整箱补货　　C．拆零补货　　D．单件补货

2．补货作业的流程包括（　　）。

A．照单收货　　B．订单处理

C．货品搬运　　D．补货上架

3．补货标签一般包括的货品信息有（　　）。

A．补货的取货位　　B．货品名称

C．货品代码　　D．目标货位

知识能力提升

补货时机

补货作业的发生与否主要看拣货区的货物存量是否充足，因此，究竟何时进行补货要看拣货区的存量。补货通常可分为定时补货、随机补货、批次补货。

1．定时补货

定时补货是指将每天划分为若干个时段，补货人员在各个时段内检查拣货区货架上的货品存量，如果发现数量不足，马上予以补足。定时补货适合分批拣货时间固定且处理紧急时间也固定的公司。

2．随机补货

随机补货是一种指定专人从事补货作业的方式，这些人员随时巡视拣货区的分批存量，发现不足随时补货。随机补货适合每批次拣取量不大或者作业量不易事前掌握的场合。

3．批次补货

批次补货是指在每天或每一批次拣取前，经计算机系统计算所需货品的总拣取量，再查看动管拣货区的物品量，于拣货前一特定时点补足物品。此为“一次补足”的补货原则，适合一日内作业量变化大、紧急插单不多或是每批次拣取量不须事先掌握的情况。

职业素养提升

小明是某中职学校物流管理专业的一名学生，毕业后在本地仓储物流企业找了份工作——

仓管员。小明每天的任务是在接到客户的订单后查看拣货位各种货品的数量，确定拣货位货品数量充足，若拣货位货品数量不足，则生成补货单，交补货员进行补货。在学校开展物流仓储作业实训时，小明没有认真学习，刚开始工作就发现了问题：不了解补货单，手动液压托盘搬运车操作不熟练，取货动作慢，以致很多操作员都不愿意和他合作。小明只好硬着头皮去请教师傅，在实际工作中不断锻炼，并在业余时间找原来学校的老师补课。渐渐地，他的工作与操作员、信息员衔接得顺畅了，在实践中取得了进步。

（1）一开始大家为什么不愿意与小明合作？

（2）小明有哪些地方值得大家学习？

项目三　盘点作业

项目描述

在上个项目中，佳通物流公司1号仓库的仓管员小明完成了补货作业，本项目我们要学会如何进行盘点作业。那么，如何完成盘点项目呢？盘点单如何制作呢？如何进行手动盘点和利用手持终端RF辅助盘点作业？

要完成盘点项目，可以通过以下几个方面的学习。首先，了解什么是盘点，盘点方法有哪些。其次，学习盘点的流程，了解盘点所需的设备和单据。最后，根据盘点通知单，完成一次封闭式盘点作业。

此项目包含一个任务：完成盘点作业。

项目目标

1. 知识目标

（1）了解盘点的内容、分类。

（2）掌握盘点作业流程。

（3）掌握盘点后的处理。

2. 技能目标

（1）制作盘点单。

（2）利用RF辅助盘点作业。

（3）打印盘点结果单。

3. 职业素养

盘点作业的职业素养。

任务　完成盘点作业

任务描述

依照盘点通知单的要求，各组同学讨论，参照操作步骤，依照盘点通知单制作盘点单，并完成手持终端RF辅助盘点作业。

任务准备

一、盘点作业概述

盘点是指定期或不定期地对库存货物的实际状况进行清查、清点的作业，即为了掌握货物的流动情况，对仓库现有货物的实际数量与保管账上记录的数量相核对，以便准确地掌握库存数量和质量。

二、盘点作业内容

盘点作业的主要内容包括查数量、查质量、查保管条件和查安全。

三、盘点作业分类

盘点作业根据不同的条件可以有不同的分类。根据时间的不同，盘点可分为经常性盘点和定期盘点。根据范围的不同，盘点可分为全部清查盘点和局部清查盘点。根据物资品种的不同，盘点可分为重点物资清查盘点和一般清查盘点。根据盘点时间频率的不同，盘点可分为动态盘点、循环盘点和期末盘点。根据盘点特殊情况，盘点可分为停业盘点、整顿盘点、突击盘点。根据仓库与外界隔离的程度，盘点可分为封闭式盘点和半封闭式盘点。

四、盘点单

通过操作仓储管理系统中的盘点模块，选定盘点区域，生成盘点单，如图 3-7 所示。

盘点单号　　　　　　　　盘点类型　　　　　　　　盘点人

序号	储位编号	商品编号	商品名称	规格	单位	生产日期	盘点数

制单人　　　　　　　　制单日期

图 3-7　盘点单

五、盘点作业流程

盘点作业主要查看系统或账目记录与实际的是否相符，产生差异时采取一定的措施，下面以手持终端 RF 辅助盘点为例，介绍盘点作业流程，如图 3-8 所示。

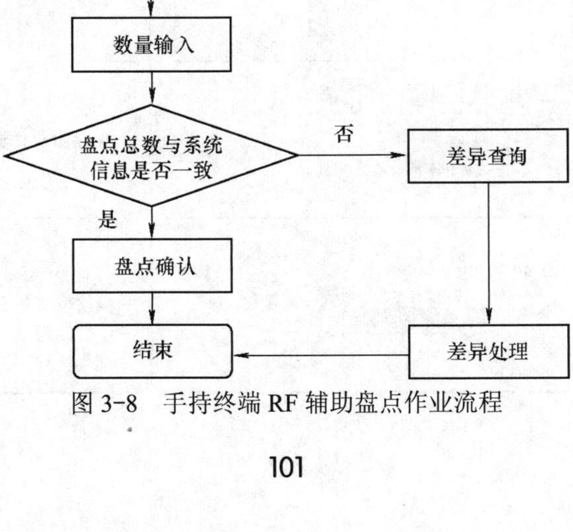

图 3-8　手持终端 RF 辅助盘点作业流程

任务实施

步骤一：将全班同学按 4～6 人一组，分成若干组，自选组长。

根据全班同学的情况进行分组，由各组自选组长，并报科任教师。由组长对本组成员进行分工，并组织本组同学完成步骤二～五，科任教师在旁边进行辅导。

步骤二：制作盘点单。

根据盘点通知单（教师提供）的要求，各组同学参照表 3-7 中的步骤，依次通过仓储管理系统制作完成盘点单，评价操作的正确性和速度。

表 3-7　制作盘点单

序　号	步骤图示	步骤说明
1	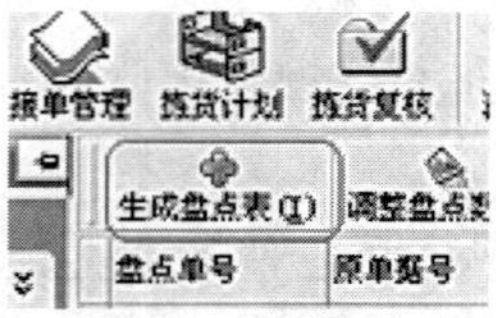	登录仓储管理系统，进入盘点模块，单击“生成盘点表”，打开盘点作业界面
2	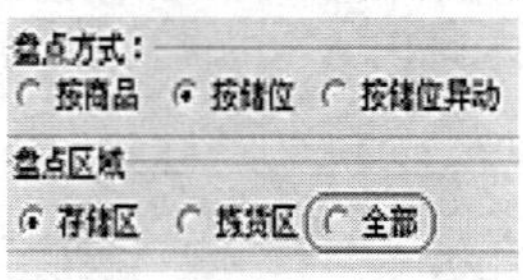	在盘点界面中，系统自动生成盘点单号，选择盘点方式、盘点区域
3	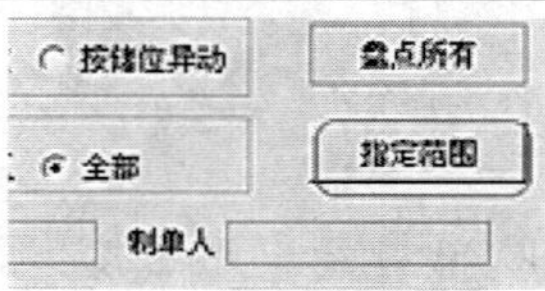	若是非全部盘点，则选定“指定范围”。按照储位选择盘点范围，确认指定范围
4	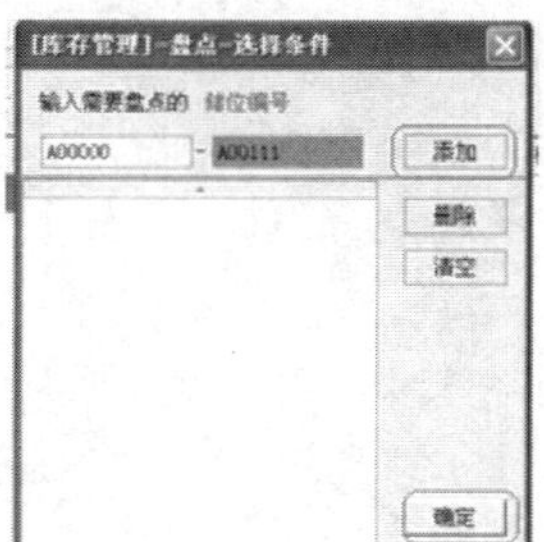	输入需要盘点的储位编号，可以连续储位。若非连续储位，则单击“添加”，然后确认
5	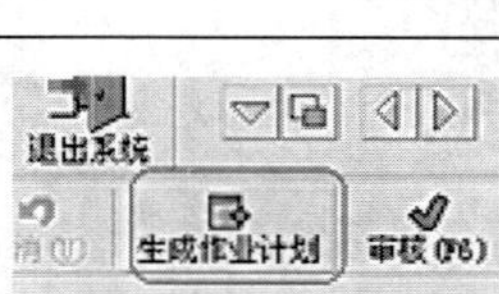	保存盘点作业单，生成作业计划，审核
6		操作 RF 手持终端，登录进“盘点作业”，扫描储位和货品条码，并输入实际数量，完成后，打印盘点结果表

注：若采取人工盘点，则先打印“空白盘点表”，待盘点完成后打印“盘点结果表”，与填写的“空白盘点表”比对差异。

步骤三：RF 手持终端辅助盘点作业。

各组同学根据上一步骤完成的盘点单的要求，进行 RF 手持终端辅助盘点作业，依照表 3-8 中的步骤操作，评价操作的正确性和速度。

表 3-8　RF 辅助盘点作业

序　号	步骤图示	步骤说明
1	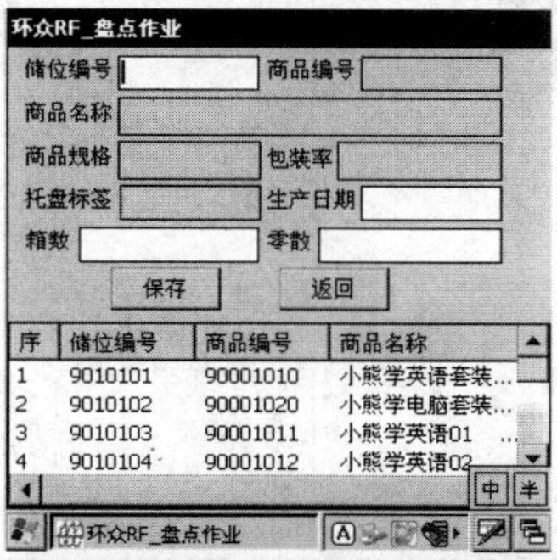	盘点准备：操作人员打开，RF 手持终端系统，获取盘点任务
2	 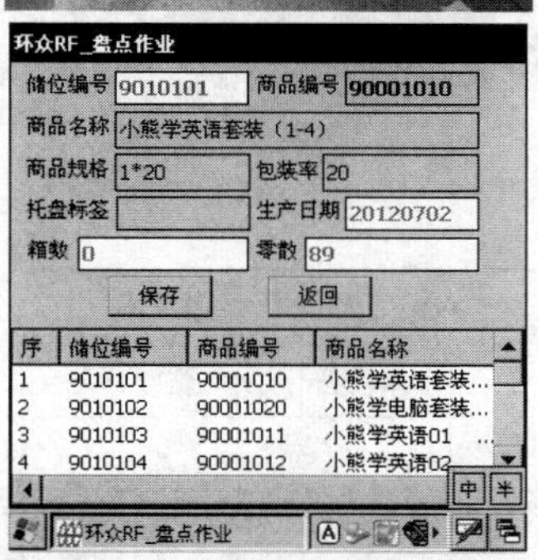	用 RF 手持终端扫描储位：操作人员扫描要盘点的储位条码
3		数量输入：输入该货品清点后确认的数量，并查看该储位是否还有其他货品，有则继续扫描货品条码并输入数量

（续）

<table>
<tr><th>序　　号</th><th>步 骤 图 示</th><th>步 骤 说 明</th></tr>
<tr><td>4</td><td>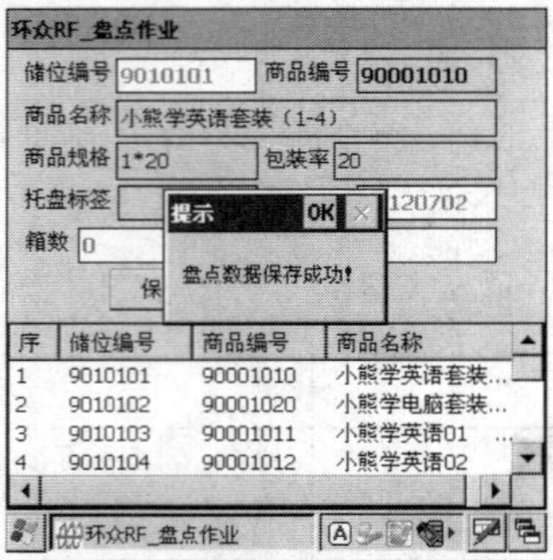
</td><td>数据核对：在条码系统中实时库存，查询盘点差异单。如无差异，则将盘点结果导入系统；若存在差异，则进行差异处理</td></tr>
<tr><td>5</td><td>
</td><td>盘点结束后，信息员在仓储管理系统中打印盘点结果单，由仓管员签字确认，并交给仓储经理（老师或同学扮演）</td></tr>
</table>

步骤四：各组组长对本组成员进行评分，每组派 1 名代表为其他组评分。

组长根据小组成员的团队合作和任务完成情况进行评分；各组评分代表进行评分，评分代表所评的平均分为该组得分。

步骤五：教师点评，评定各组等级。

科任教师对各组进行点评，给出各组评分。

项目评价

<table>
<tr><td>小组名称</td><td colspan="2"></td><td colspan="3">成员名字</td><td colspan="2"></td></tr>
<tr><td rowspan="5">考评标准</td><td>考评项目</td><td>分值/分</td><td>组内评分</td><td>他组评分</td><td>教师评分</td><td>实际得分</td></tr>
<tr><td>操作仓储管理系统完成盘点任务</td><td>30</td><td></td><td></td><td></td><td></td></tr>
<tr><td>RF 辅助盘点操作</td><td>40</td><td></td><td></td><td></td><td></td></tr>
<tr><td>语言表达</td><td>15</td><td></td><td></td><td></td><td></td></tr>
<tr><td>团队合作</td><td>15</td><td></td><td></td><td></td><td></td></tr>
<tr><td colspan="2">合　　计</td><td>100</td><td></td><td></td><td></td><td></td></tr>
</table>

注：实际得分=组内评分×30%+他组评分×30%+教师评分×40%。

巩固提高

一、判断题

1．出现盘点差异的原因是盘点人员在盘点时计数有误。（　　）

2．盘点盈处理方法是及时上报领导，经审批后再调整账务，加强管理。（　　）

3．为了降低盘点差错率，可以制定一定的奖惩制度。（　　）

4．RF 盘点在条码系统中输入盘点凭证，系统根据凭证号码手动获取所有盘点任务清单。（　　）

5．盘点的主要目的是确保库存账实相符。（　　）

二、单选题

1．盘点作业用到的核对工具是（　　）。
A．RF 终端设备　B．卷尺　C．磅秤　D．叉车

2．比较传统的盘点方式是（　　）。
A．表单盘点　B．RF 盘点　C．机械盘点　D．自动盘点

3．以下不属于表单盘点准备内容的是（　　）。
A．确认盘点程序和盘点方法　B．安排盘点人员
C．盘存单打印准备　D．货物入库准备

4．对进出频率高或易损耗的、昂贵的货品所用的盘点方法为（　　）。
A．日常盘点　B．循环盘点　C．全面盘点　D．重点盘点

5．以下哪一种盘点方法可以及时发现差错并及时处理？（　　）
A．全面盘点　B．动态盘点　C．临时盘点　D．缺料盘点

三、多选题

1．盘点差异处理方式包括（　　）。
A．再次复盘　B．由主管部门调整和完善财务制度
C．盈处理　D．亏处理

2．盘点的评价指标包括（　　）。
A．盘点数量误差　B．盘点数量误差率
C．盘点品项误差率　D．单位盘差品金额

3．表单盘点的盘点准备阶段的内容包括（　　）。
A．确定盘点程序和盘点方法　B．安排盘点人员
C．盘存单打印准备　D．仓库清理

4．盘点盈亏奖惩需要做到（　　）。
A．公平　B．公正　C．客观　D．公开

5．常见的盘点方法有（　　）。
A．动态盘点　B．期末盘点　C．全面盘点　D．临时盘点

知识能力提升

盘点差异处理

（1）由于人为盘点操作不规范导致的盘点差异，可通过再次复盘解决。

（2）由于账务制度造成的盘点差异，由主管部门调整和完善账务制度。

（3）盈处理：应及时上报领导，经审批后再调整账务，加强管理，保证以后账务处理的

及时性。

（4）亏处理：如果是发错货，公司应予以相关责任人适当处罚，并安排人员查找收货单位，尽快追回货品；如果是因管理不善而丢失货品，则公司应及时与客户沟通，以赔偿等方式来解决问题。

（5）分析盘点产生差异的原因并制定对策，请上级主管部门就盘点的处理方法进行批示。

职业素养提升

小李和小张都是某物流企业的员工，也都是某中职学校物流专业的优秀毕业生，且刚入职不到三个月。临近年末，物流部经理曹某认为小李和小张是物流班毕业的优秀学生，便将物流部本年度盘点数据提供给小李和小张，让其撰写物流部的年度盘点报告。

（1）曹经理布置的工作，小张和小李从来没有做过，他们的理智做法应该是什么？

（2）如果在撰写物流年度盘点报告的过程中小张不配合，小李应该怎么做呢？

模块四

出库作业

项目一 拣 选 作 业

项目描述

在上一模块中，佳通物流公司1号仓库的小明、小李和小白完成了在库管理的学习，接下来是出库作业模块。要完成出库拣选作业，首先要学习拣选作业的相关知识；其次，要重点了解两种拣选方式（摘取式和播种式）的特点和流程；再次，熟悉各种拣选设备的使用；最后，要完成并掌握人工方式和电子辅助方式下的货物拣选操作。

此项目主要包含两个任务：人工方式货物拣选；电子辅助式货物拣选。

项目目标

1. 知识目标

（1）了解摘取式拣选与播种式拣选。

（2）熟悉人工拣选和电子辅助拣选时须用到的设备。

（3）掌握不同拣选方式的操作流程。

2. 技能目标

（1）根据出库要求，掌握拣选单的制作。

（2）掌握摘取式人工拣选和播种式人工拣选的操作。

（3）掌握摘取式电子辅助拣选和播种式电子辅助拣选的操作。

3. 职业素养

（1）人工拣选操作所需的职业素养。

（2）电子辅助拣选所需的职业素养。

任务一 人工方式货物拣选

任务描述

1. 教师组织学生进行小组讨论，学习播种式和摘取式拣选方式，熟悉拣选作业要月到的工具。

2. 各组长组织本组组员依次进行摘取式人工拣选作业的操作。

3. 各组长组织本组组员依次进行播种式人工拣选作业的操作。

任务准备

一、出库拣选作业

（一）拣选作业概述

拣选作业是指拣货员在获取拣货信息后，按照一定的方式对货物进行拣取的过程，是物流出库作业的重要环节之一。拣货作业主要包括生成拣货信息、行走搬运、分类集中和拣取货物等作业环节。

拣货成本是物流搬运成本的主要组成部分，拣选作业也是物流作业中最耗劳动力的过程之一，因此，提高拣选效率对于提高整个物流作业效率来说至关重要。

（二）拣选作业的分类

出库的拣选作业按照其实施手段的不同可以分为人工分拣、机械分拣、自动分拣三大类；按照拣选的流程的不同，拣选作业可以分为摘取式拣选和播种式拣选。本书着重介绍后一种分类方式下的拣选作业。

（三）摘取式和播种式拣选方式

1. 两种拣选方式的概念

摘取式拣选是针对每一份订单（即每个客户）进行拣选操作，拣货人员或设备巡回于各个货物储位，将所需的货物取出，形似摘果的作业过程。

播种式拣选是把多份订单（多个客户的要货需求）集合成一批，先把其中每种商品的数量分别汇总，再逐个品种对所有客户进行分货，形似播种的操作，因此又可称为“商品别汇总分播”。

2. 两种拣选方式的优缺点

（1）摘取式拣选是比较传统的一种拣货方式，适合订单大小差异较大、订单数量变化频繁、商品差异较大的拣选，如化妆品、家具、电器、百货、高级服饰等的拣选。其优缺点见表 4-1。

表 4-1　摘取式拣选方式的优缺点

优　点	缺　点
1. 拣选操作简单灵活，分工公平、责任明确 2. 每人每次只处理一份订单，前置时间短 3. 前期工作较少，后期工作量大，操作简单，临时性调整容易 4. 货物导入容易，且弹性大，适合少量多样订货 5. 拣货后不用再进行分类作业，适用于大批量订单的处理	1. 当货物品种较多时，拣选路径长，易重复 2. 耗时间，效率低，不适合批量订单 3. 拣选过程中无法及时发现拣货差错 4. 频繁往返于储位间进行作业，容易造成储位及库存的不准确

（2）播种式拣选适合订单数量庞大的系统。订单变化较小、订单数量稳定的配送中心和外形较规则、固定的商品出货可以选择播种式拣选。其次，需要进行流通加工的商品也适合采用播种式拣选。播种式拣选的运用有利于提高拣货作业的效率。其优缺点见表 4-2。

表 4-2　播种式拣选的优缺点

优　点	缺　点
1. 二次分配时所形成批次货物的复核可以大大提高拣货作业的正确率 2. 同订单量，相比于摘取式拣选，拣选路径较短，且同路径上无须重复作业 3. 批量一次拣选完商品的总量，无须往返于储位间操作，有助于稳定储位及库存的准确性	1. 每次处理多份订单，前期工作量大，特别是订单处理方面，需要对订单进行二次分配，后期工作量相对较小，整个流程对客户订单有要求，操作复杂，难度系数相对较大 2. 前置时间比较长，对于新的订单的到来可能无法及时反应 3. 对客户订单有要求，当订单上货物种类较多时容易带来分配工作的不便，适合少样多量订货

➲小知识

（1）拣货方法：按订单的数量分类，可以分为单一分拣式拣选和批量分拣式拣选；按人员分配分类，可以分为一人分拣式拣选、多人分拣式拣选和分区分拣式拣选；按人货互动分类，可以分为货物固定人员走动或人员固定货物移动。

（2）拣货路径：拣货路径可以分为无顺序分拣路径和有顺序分拣路径。

（3）拣货工具：按照货位大小、数量及储存位置的不同，可以选择拣货篮、拣货车、搬运车、叉车梯子等拣货工具。

二、人工拣选方式所需设备

人工拣选作业中常用的设备主要有以下几种：

1. 周转箱

周转箱又称“物流箱”，具有无毒、无味、防潮、耐腐蚀、质量轻、可堆叠、清洁方便、周转便捷等优点，是出入库作业中常用的物流容器。

周转箱作为盛装货物的工具，同时也是物流作业信息传递的一个载体，是物流和信息流的节点。

周转箱是生产及流通企业进行现代化物流管理的必备品。它可与多种物流容器和工位器具互相配合使用，因此被广泛应用于机械、汽车、轻工、家电、电子等行业。周转箱的应用有利于实现物流作业的标准化和一体化操作。

周转箱的种类很多，功能也各不相同，常见的有以下几种：标准式周转箱、斜插式周转箱、折叠式周转箱。

图 4-1　标准式周转箱

图 4-2　斜插式周转箱

图 4-3　折叠式周转箱

周转箱作为拣选作业时必备的物流容器，使用时应注意以下几点：

（1）轻拿轻放，防潮防尘，严禁将货物从高处抛掷到周转箱内。

（2）均匀放置，合理确定货物在周转箱内的堆放方式。

（3）单箱货重不超过箱子最大承重，且不可满装。周转箱堆垛使用时，应考虑周转箱承重，堆垛高度要合理。

（4）存放特殊货物要注意使用过程中的清洁，防止货物直接与箱底接触，造成产品污染或受损。

（5）应尽量避免阳光暴晒，引起周转箱老化，缩短其使用寿命。

（6）注意不同商品之间在周转箱内存放时的兼容性。

➲小知识

西诺控股是著名的创新和专业可折叠周转箱制造商，其拥有超过120种不同尺寸和设计的可折叠周转箱、内缩式折叠箱、标准折叠箱和大型可折叠箱（大容量储存器），并且都采用世界物流标准。西诺控股多种类折叠周转箱广泛应用于工业、农业、渔业、畜牧业和水产养殖业。

2．手推车

手推车是主要以人力推或拉进行作业的搬运车辆。手推车造价低廉、维护简单、操作方便、自重轻，并能在机动车辆不便使用的地方工作，在短距离搬运较轻的物品时使用十分方便，因此在生产和生活中得到了广泛的应用。在实际操作时要根据使用的不同需求、不同的规格、载重的物体重量，选用不同类别的手推车，常见的手推车如图4-4所示。

3．万向球台

万向球台是将若干具有承载能力的万向球以一定的密度固定在钢板上形成平台。通过万向球的灵活滚动，使在其上运行的工作板、物料箱等工具在盛装货物的情况下能非常灵活地滑移，大大减小了工人的劳动强度，被广泛运用于流水线的输送、过渡、转弯等场合。常见的万向球台如图4-5所示。

图4-4　手推车

图4-5　万向球台

4．无动力辊道

无动力辊道又称无动力辊道输送机，一般由无动力辊桶组件、铝旁板、片架、拉杆、承座组成，其工作原理是由人推拉工件或工件挤压工件的方式，在外力或重力作用下通过可自由转动的辊筒移动。

无动力辊道结构简单，稳定可靠，维修方便，性价比高，可以单独使用，也可以任意组合，无论物品的轻重、大小如何，都可以方便地搬运，极大地减轻了搬运、装卸等工作的强度，提高了工作效率，因此应用广泛、倍受欢迎。常见的无动力辊道如图4-6所示。

5．笼车

笼车，即物流台车，是一种用来运送和储存物料的单元移动集装设备。常用于大型超市的物流配送过程或工厂工序作业间的物流周转。

笼车的置物空间较大且应用灵活，可折叠收藏，不占空间。同时，机动性较高，设计科学，结构合理，安全美观，是物流业、生产业的搬运利器，可使生产线空间得到充分利用。图4-7为一般的四轮笼车。

图 4-6　无动力辊道

图 4-7　四轮笼车

任务实施

步骤一：将全班同学按 4～6 人一组，分成若干组，自选组长。

根据全班同学的情况进行分组，由各组自选组长，并报科任教师。由组长对本组成员进行分工，并组织本组同学完成步骤二～六，科任教师在旁边进行辅导。

步骤二：认识人工拣选常用设备。

各小组根据任务准备的相关内容，在教师的组织下，可以通过小组讨论学习两种拣选方式。同时，参观并认识实训室人工拣选作业常用的设备，仔细观摩教师操作过程，各组派代表进行拣选设备的操作训练。

步骤三：摘取式人工拣选作业。

教师示范摘取式人工拣选作业操作（见表 4-3），每位同学以小组为单位，按照操作步骤依次进行摘取式人工拣选作业，反复练习，各组组长进行汇报，最后由教师评价完成的情况。

表 4-3　摘取式人工拣选作业步骤参考

序　号	步 骤 图 示	步 骤 说 明
1	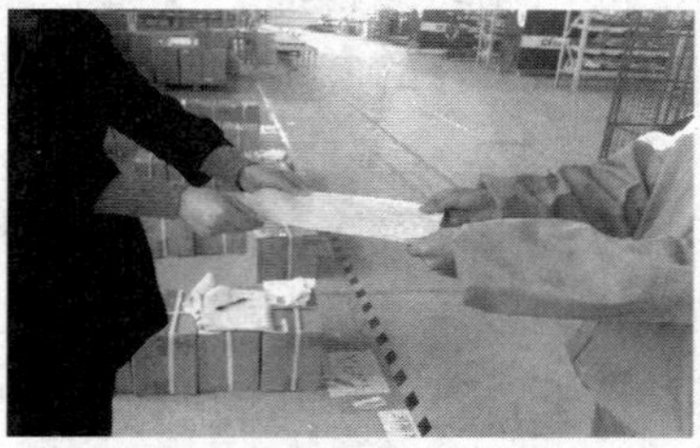	从教师手中领取摘取式人工拣选拣货单
2	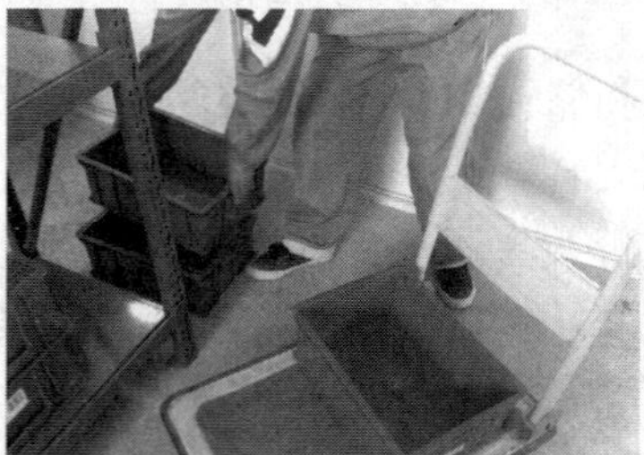	快速浏览拣货单，对所拣货物按客户进行分类。选择要用的拣货设备，按照客户种类数取对应个数的空周转箱放置于手推车上，并在周转箱上做好客户标记

（续）

序　　号	步骤图示	步骤说明
3	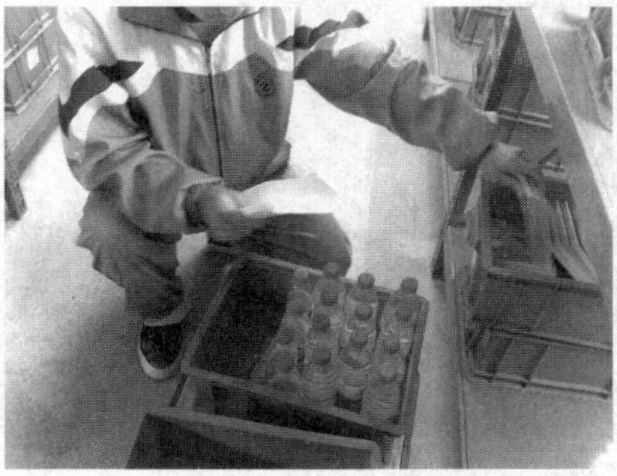	按照拣货单上的要求依次进行拣货作业，并把所拣货物放置于手推车对应客户的周装箱内
4		根据拣货单，以客户为单位，对所有拣出的货物进行种类和数量的复核
5		若数量种类与单据相符，在拣货单空白处签字。若数量种类与单据不相符，则重复步骤 3～5
6		将货物放置于指定位置后，将所有设备归位

步骤四：播种式人工拣选作业。

教师示范播种式人工拣选作业操作（见表 4-4），各小组每位学生按照操作步骤依次进行播种式人工拣选作业，反复练习，各组组长进行汇报，最后由教师评价完成情况。

表 4-4　播种式人工拣选作业步骤参考

序　　号	步 骤 图 示	步 骤 说 明
1	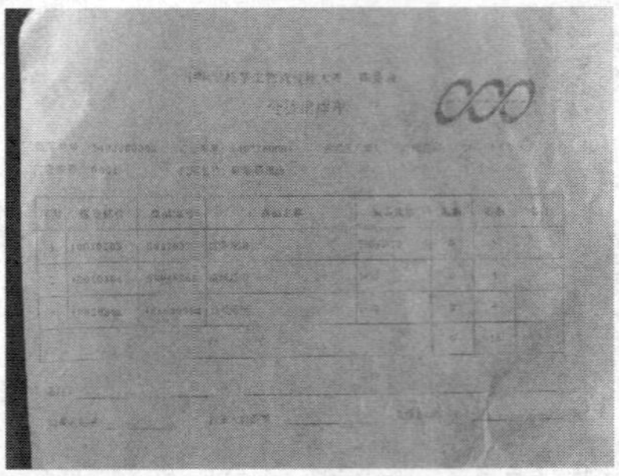	从教师手中领取播种式人工拣选拣货单，汇总一定量的订单，制作汇总订单
2		快速浏览汇总单上的相关信息，明确所有的货物品名、数量和储位，准备相关适合的拣选工具
3		根据汇总表前往特定的储位，依次从货架上拣取所有客户需要拣选的货物，拣选完毕后统一放置于物流箱内
4		将拣选好的货物放置于货物暂存区。拣选好的货物要在拣选表上做好标记；储位上数量不足的标明实际拣选数量，待补货后再次拣选
5		唱单，根据客户数取对应个数的空周转箱放置于手推车上，并标明客户名称及相关货物信息

（续）

序　号	步骤图示	步骤说明
6		按单分货，将拣选出来的所有货物根据具体拣货单，将货物放置于对应客户周转箱内，完成订单货物的拣选
7		待所有货物分完后，对所有拣出的货物以客户为单位进行种类和数量等相关信息的复核
8	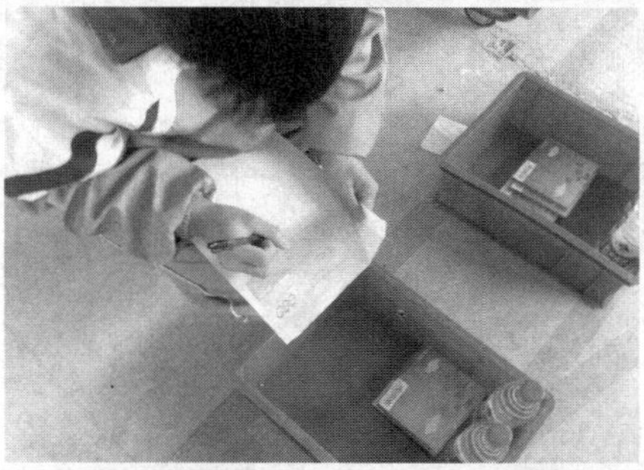	若数量种类与单据相符，在拣货单空白处签字。若数量种类与单据不相符，进行补货作业，待补货完毕重复步骤3～8
9		将货物运至指定地点，将相应设备归位

步骤五：各组组长对本组成员进行评分，每组派 1 名代表为其他组评分。

组长根据小组成员的团队合作和任务完成情况进行评分；各组评分代表进行评分，评分代表所评的平均分为该组得分。评分代表不得对本组发言进行评分。

步骤六：教师点评，评定各组等级。

科任教师对各组进行点评，给出各组评分。

任务二　电子辅助式货物拣选

任务描述

1．了解电子辅助拣选常用的设备；教师组织学生熟悉实训室电子辅助拣选作业设备的操作，学生以小组为单位进行操作训练。

2．各组根据操作步骤参考，由组长负责组织组员依次进行摘取式电子辅助拣选作业的操作。

3．各组根据操作步骤参考，由组长负责组织组员依次进行播种式电子辅助拣选作业的操作。

任务准备

电子辅助拣选作业常用的设备有电子标签拣选系统、流利式货架和控制器。

1．电子标签拣选系统

电子标签拣选系统（见图 4-8）简称 DPS，是以一连串的装于货架格位上的电子标签取代纸质拣货单，并通过货架上显示的客户编号、物流箱编号、拣货数量等电子标签信息，指示仓库拣货人员拣取相应货物的装置。电子标签拣选系统是计算机辅助拣货作业最常用的方式之一，它的应用可以大大降低拣错率，提高拣货效率。

2．流利式货架

流利式货架又称滑移式货架（见图 4-9），一般采用辊轮铝合金、钣金等流利条，是利用货物台架的自重，使货物或周转箱、纸箱等滑动容器在一边通道进行存货，在另一边通道取货，达到先进先出目的的物流设备。

流利式货架的存储效率较高，适合大量货物的短期存放和拣选，同时可以配加电子标签，以提高货物的管理效率。目前，流利式货架被广泛应用于配送中心、装配车间以及出货频率较高的仓库。

图 4-8　电子标签拣选系统

图 4-9　流利式货架

3．控制器

控制器（见图 4-10）是指按照预先设定的顺序，通过改变主电路或控制电路的接线和改变电路中的电阻值来控制电动机的启动、调速、制动和反向的主令装置。控制器是发布命令的“决策机构”，协调和指挥整个计算机系统顺利完成各种操作。

控制器具有数据缓冲、差错控制、数据交换、状态说明、接收和识别命令、地址识别等基本功能。

图 4-10 控制器

➲小知识

德马泰克是世界领先的物流自动化系统集成商和服务商，其为仓储中心和配送中心设计并制造的分拣系统，可全方位地满足各种货品处理方式和高处理量。德马泰克的高速分拣系统配备了先进的控制系统，带有特色的可视化界面以及合流、导入和分拣的控制功能。用户通过德马泰克的 IT 平台——Director IT 仓库控制管理组件（WCS）进入控制系统。分拣系统提供先进的用户控制界面，方便用户管理从合流到分拣的系统设备、系统可视化、问题诊断和系统能力监控。德马泰克的分拣系统已在全球领先的百货零售商和配送商、药店、第三方物流、目录邮寄、上门送货、硬件、包裹与货运等对系统处理速度、可靠性有高要求的公司使用并得到了较高的认可。

任务实施

步骤一：将全班同学按 4～6 人一组，分成若干组，自选组长。

根据全班同学的情况的进行分组，由各组自选组长，并报科任教师。由组长对本组成员进行分工，并组织本组同学完成步骤二～七，科任教师在旁边进行辅导。

步骤二：认识电子辅助拣选常用设备。

各小组同学根据任务准备的相关内容，自学电子辅助拣货常用设备的相关知识点。然后在教师的组织下，参观并熟悉实训室电子辅助拣选作业常用设备的操作流程，仔细观摩教师操作过程，然后以小组为单位，进行拣选设备的操作训练。

步骤三：制作分拣单。

在进行拣选作业前，首先要进行分拣单的制作。各组成员观看教师操作演示后进行讨论，并选一名学生用演示文稿形式解说电子拣选单的制作过程。教师总结并点评操作流程，每位学生按照步骤参考（见表 4-5）依次进行电子拣选单的制作，反复练习。教师指导并评价操作过程中的规范性和准确性。

表 4-5　制作电子分拣单步骤参考

序　　号	步 骤 图 示	步 骤 说 明
1		从教师手中领取摘取式拣货通知单
2	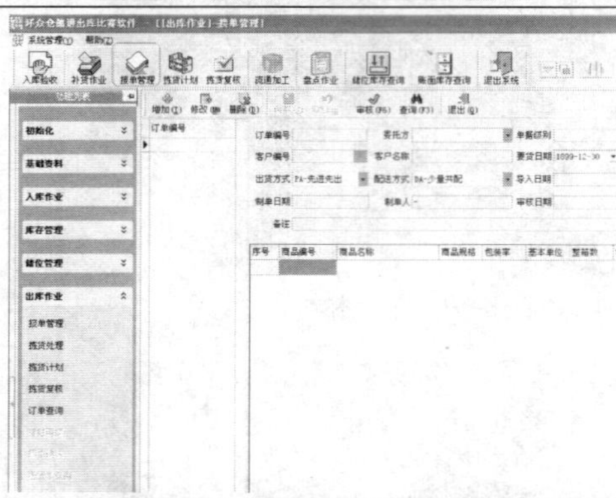	打开仓储系统软件，根据拣货通知单，制作拣货出库单：按“接单管理”按钮，进入拣货订单作业界面。
3	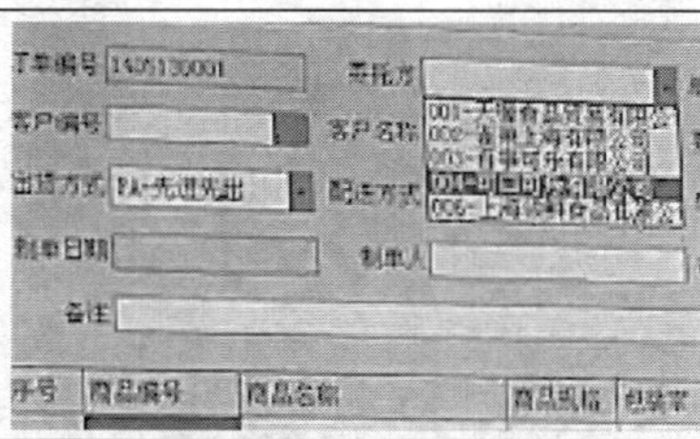	在“委托方”空格的下拉菜单中选择相应的委托方
4	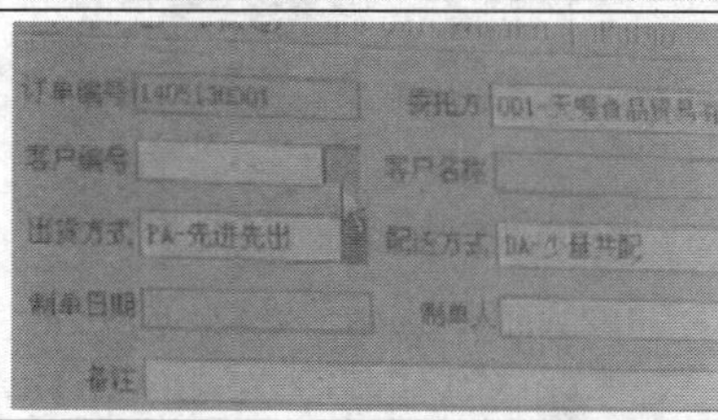	单击“客户编号”下拉按钮
5	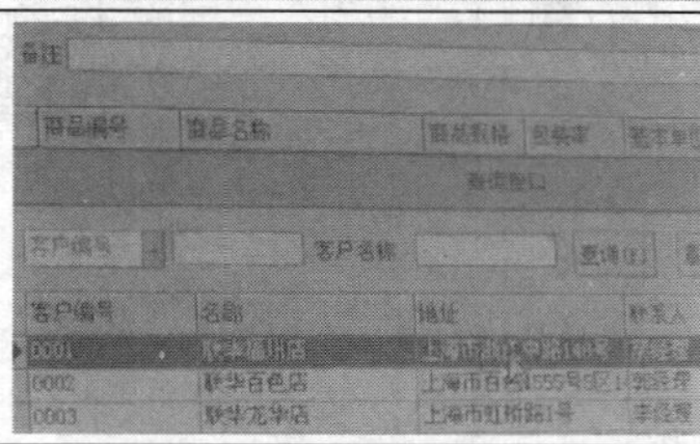	当出现“查询窗口”时，单击“查询窗口”上的“查询”按钮，出现相应选项，双击需要的客户编号
6	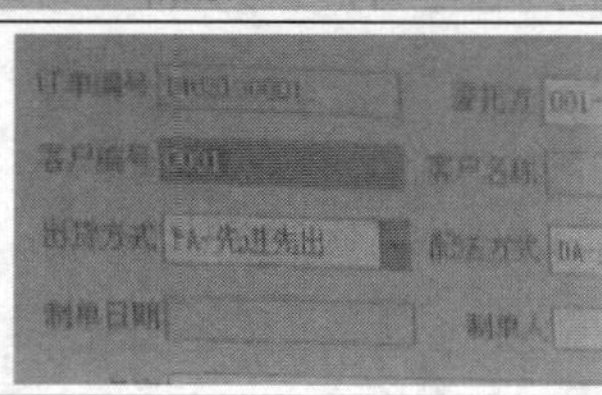	“客户编号”栏会有对应的编号显示

（续）

序　号	步骤图示	步骤说明
7	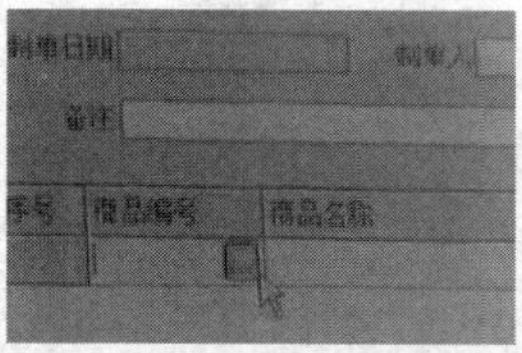	单击“商品编号”栏下拉菜单
8	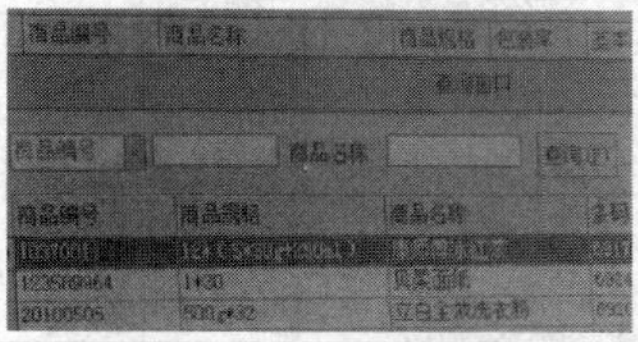	出现“查询窗口”，单击“查询”按钮，出现相应的商品编码及相关信息，选择需要的商品编号信息
9	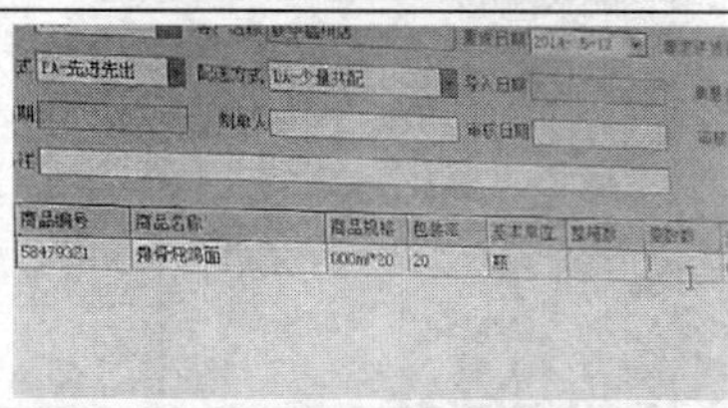	选择后的商品编号信息会自动显示于界面中，填写未显示的项目，主要是“整箱数”和“零散数”的填写
10	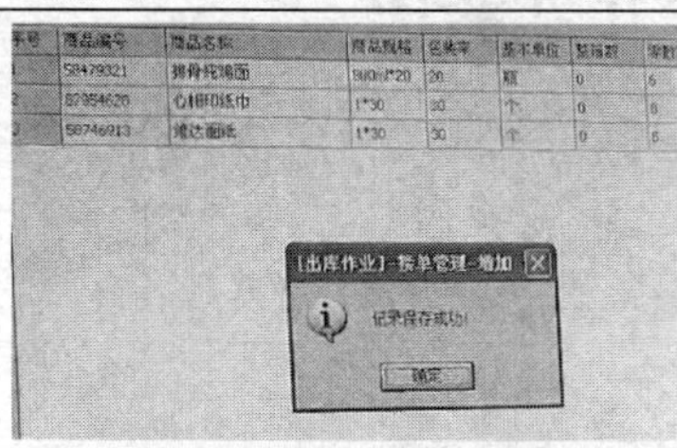	当全部商品信息选择完毕之后，单击“保存”按钮，当显示“记录保存成功”对话框时选择“确定”按钮
11		选择操作界面第一栏“拣货复核”按钮进行拣货复核操作
12	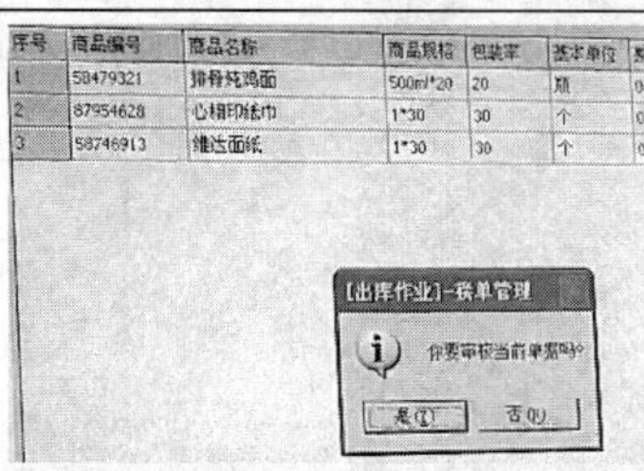	当出现“你要审核当前单据吗？”的对话框时，选择“是”按钮
13	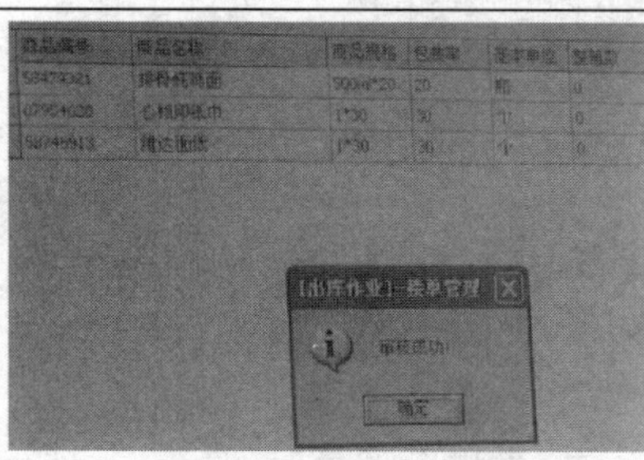	弹出“审核成功！”对话框，单击“确定”按钮

（续）

序　　号	步 骤 图 示	步 骤 说 明
14		单击表头“拣货计划”按钮
15	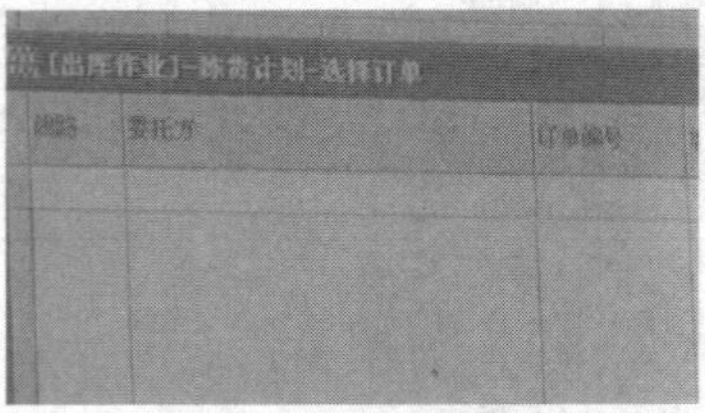	出现“【出库作业】-拣货计划-选择订单”对话框
16	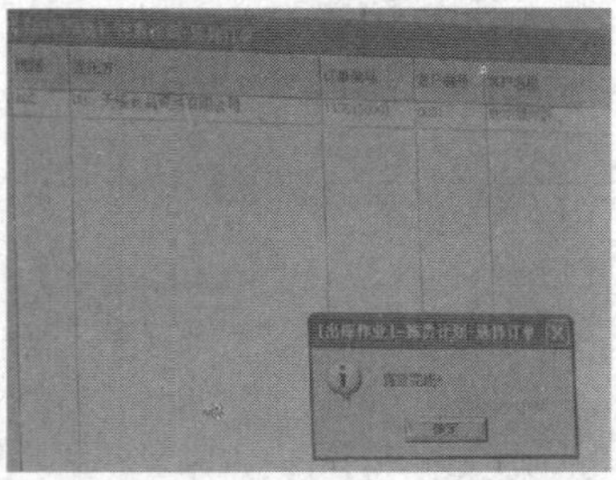	选择显示相应信息，出现“拣货完成！”对话框，单击“确定”按钮
17	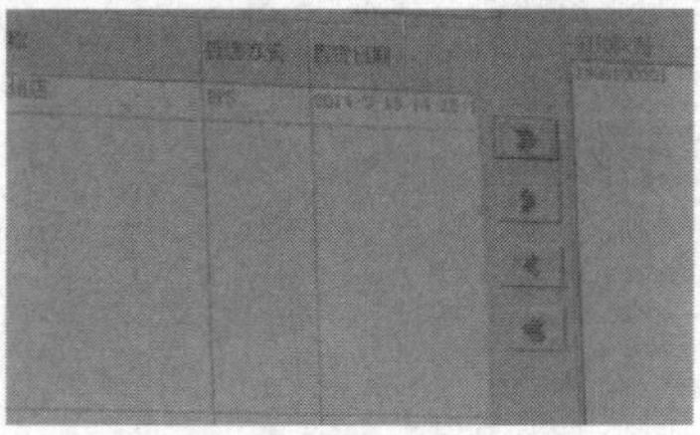	将拣货信息添加到“打印队列”
18	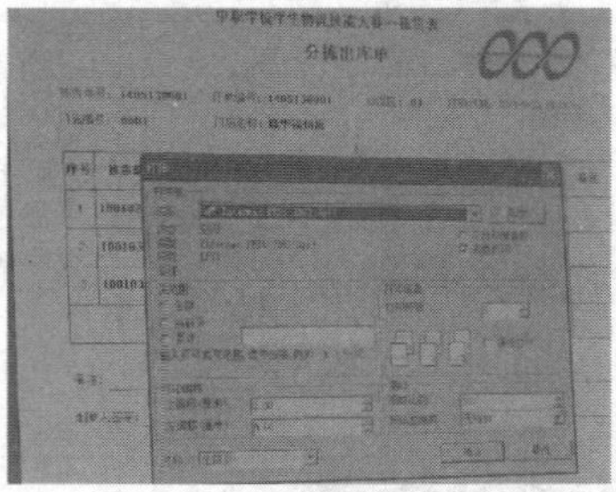	生成“分拣出库单”，单击“拣货单打印”按钮，进行拣货单的打印操作
19	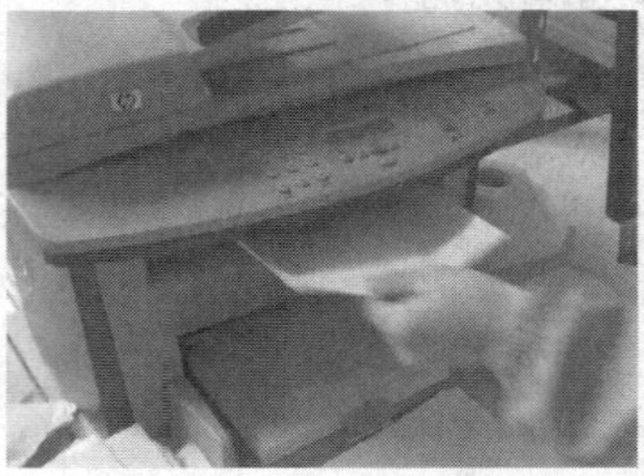	拿取打印好的“分拣出库单”用于分拣操作

步骤四：摘取式电子辅助拣选作业。

各小组成员按照操作步骤（见表4-6），依次进行摘取式电子辅助拣选作业，反复练习。教师指导并评价操作过程中的规范性和准确性。

表4-6　摘取式电子拣选作业步骤参考

序　号	步骤图示	步骤说明
1	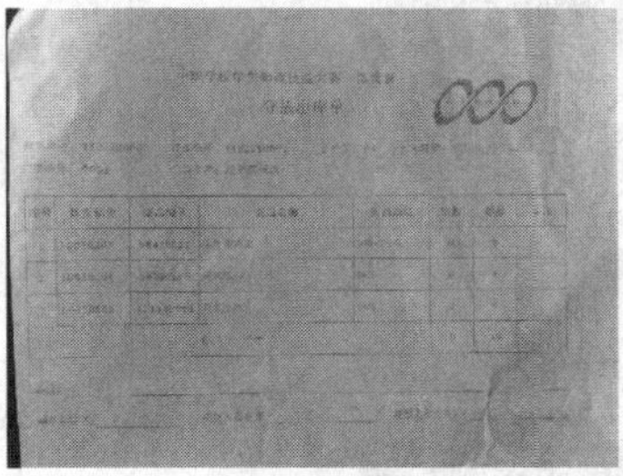	根据步骤三制作的电子辅助拣选单进行摘取式电子辅助拣选作业
2		去货架区按照电子标签提示进行摘取式电子拣货作业
3		拣货完成后用手掌或指肚按灭确认键
4		将拣出的货品按不同客户放入对应周转箱内
5		待所有的货品捡取完毕后，蜂鸣器会自动发出声音，然后用手掌或指肚按灭蜂鸣器旁的确认键

（续）

序　　号	步骤图示	步骤说明
6		根据拣货单，以客户为单位，对所有拣出的货物进行种类和数量的复核
7		若数量种类与单据相符，在拣货单空白处签字。若数量种类与单据不相符，则重复步骤 2～7
8		将货物放置于指定位置后，将所有设备归位

步骤五：播种式电子辅助拣选作业。

各小组每位学生按照操作步骤（见表 4-7），依次进行播种式电子辅助拣选作业，反复练习。教师指导并评价操作过程中的规范性和准确性。

表 4-7　播种式电子辅助拣选步骤参考

序　　号	步骤图示	步骤说明
1	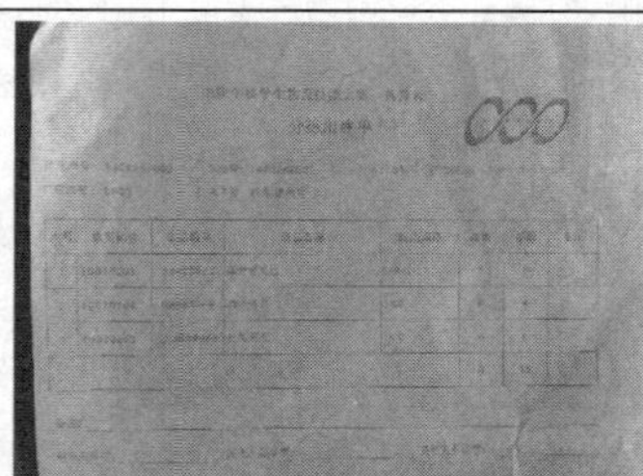	根据步骤三制作的电子辅助拣选单，进行播种式电子辅助拣选作业
2		到货物存放货架区，根据播种式拣选单据，对货物进行集中拣取。将拣出的货物放置于物流箱内，用手推车运至播种式电子货架区

（续）

序　号	步骤图示	步骤说明
3		用扫描枪对拣出的货物进行扫描，并将货物放置于电子货架上
4		根据电子标签提示进行播种作业，将货物从货架上拣选出来，放于传输带指定客户的纸箱内
5		完成拣货后，用手掌或指肚按灭蜂鸣器旁的确认键
6		待所有货品捡完后，蜂鸣器会发出声音，然后用手掌或指肚按灭蜂鸣器旁的确认键
7		将货物放置于手推车上，搬运至操作台，将周转箱内的货品放置在操作台上

（续）

序　　号	步 骤 图 示	步 骤 说 明
8	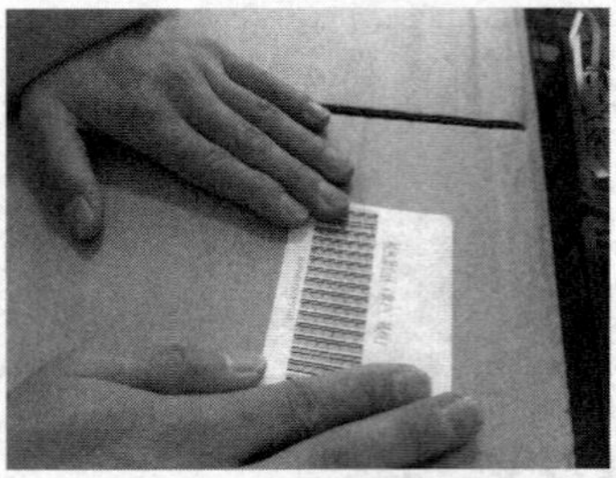	根据拣货单信息，在纸箱上贴上相应客户的标签
9		根据拣货单和纸箱标签，将货物进行分类并装箱
10		对装完箱的被拣货物进行种类和数量等相关信息的复核
11		若复核的数量与种类等相关信息与单据相符，则在拣货单空白处签字
12		将货物运至指定地点，对设备进行归位操作

步骤六：各组组长对本组成员进行评分，每组派 1 名代表为其他组评分。

组长根据小组成员的团队合作和任务完成情况进行评分；各组评分代表进行评分，评分代表所评的平均分为该组得分。评分代表不得对本组发言进行评分。

步骤七：教师点评，评定各组等级。

科任教师对各组进行点评，给出各组评分。

项目评价

小组名称		成员名字				
考评标准	考评项目	分值/分	组内评分	他组评分	教师评分	实际得分
	解说两种拣货方式的优缺点	10				
	解说人工拣选和电子辅助拣选常用的工具	10				
	摘取式人工拣选的操作	10				
	播种式人工拣选的操作	10				
	电子分拣单的制作	10				
	摘取式电子辅助拣选的操作	10				
	播种式电子辅助拣选的操作	10				
	语言表达	15				
	团队合作	15				
合　计		100				

注：实际得分=组内评分×30%+他组评分×30%+教师评分×40%。

巩固提高

一、判断题

1．理货作业是出货最主要的前置工作。（　　）

2．摘取式拣选是将需要配送的商品集中搬运到理货场，理货场按门店区分不同的货位，然后将商品分配到每一货位处。（　　）

3．采用拣选式配货可以按用户要求的时间，调整配货的先后次序。（　　）

4．提高拣选效率对于提高整个物流作业效率来说至关重要。（　　）

二、单选题

1．按订单或出库单的要求，从储存场所选出物品，并放置在指定地点的作业是（　　）。

A．分货　B．拣选　C．流通加工　D．保管

2．电子标签拣货系统的英文缩写是（　　）。

A．DAS　B．DPS　C．CAPS　D．CAQS

3．订单变化较小，订单数量稳定的配送中心和外形较规则、固定的商品出货适用于以下哪种拣货方式？（　　）

A．播种式　B．摘取式　C．复合式　D．分货式

4．（　　）是比较传统的一种拣货方式，适合订单大小差异较大、订单数量变化频繁、商品差异较大的拣选，如化妆品、家具、电器、百货、高级服饰等。

A．摘取式拣选法　B．人工拣选法

C．电子拣选法　D．播种式拣选法

5．把多份订单(多个客户的要货需求)集合成一批，先把其中每种商品的数量分别汇总，再逐个品种对所有客户进行分货的拣选方式称为（　　）。

A．摘取式拣选法　　B．播种式拣选法

C．复合拣选法　　D．单一订单拣选法

三、多选题

1．播种式拣选的优点有（　　）。

A．批量一次拣选完　　B．拣选路径短

C．无需重复作业　　D．对客户订单有要求

2．货物的拣选根据信息化的不同，可以分为（　　）两种。

A．人工式拣货　　B．摘取式拣选法

C．电子辅助拣货　　D．播种式拣选法

3．出库的拣选作业按照实施手段的不同可以分为（　　）。

A．人工分拣　　B．自动分拣

C．机械分拣　　D．订单分拣

4．下列属于摘果式拣选法缺点的是（　　）。

A．在货物品种较多时，拣选路径长，易重复

B．耗时间，效率低，不适合批量订单

C．前置时间比较长，对于新的订单可能无法及时反应

D．对客户订单有要求，在订单上货物种类较多的情况下容易带来分配工作的不便，适合少样多量订货

5．人工拣选作业中常用的设备主要有（　　）。

A．手推车　B．周转箱　C．万向球台　D．无动力辊道

四、简答题

1．周转箱作为拣选作业时的必备物流容器，使用时应注意哪些方面？

2．比较摘取式拣选和播种式拣选的不同。

知识能力提升

常见的复合拣选方式

为克服摘取式拣选和播种式拣选的缺点，可以采用将两种方式组合起来的复合拣选方式。复合式拣选是指根据订单的品种、数量及出库频率，确定哪些订单适合采用订单拣取，哪些订单适合采用批量拣取，分别采取不同的拣货方式。

常见的复合拣选方式有以下几种：

（1）播种式+摘取式，即将所有订单汇总，把订单上的所有商品全部分拣出来，放置在顾客订单分拣区，然后按照顾客订单依次进行拣选。这种拣选方法适用于少品种、多订单的拣选。

（2）播种式+播种式，即先将订单汇总一次，然后把一定数量的汇总单再汇总一次，按照二次汇总单将商品全部分拣出来，无须上架，按照顾客订单编码和拣选的顺序进行播种式

操作，把二次汇总单变为一次汇总单；最后再进行二次播种，将一次汇总单变为顾客订单。这种拣选方法适用于多品种、多订单的拣选。

（3）播种式与摘取式一次完成，即将订单汇总一次，形成一次汇总单，借助无线扫描设备在播种式拣选的同时完成摘取式拣选。这种拣选方式主要适用于多品种、多订单的拣选。

目前，大多烟草企业都采用复合拣选方式。在采用复合拣选方式时一般都使用电子标签拣选货架和自动化分拣设备等现代化拣选设备。

职业素养提升

小张是一家汽车零件公司的拣货员，最近他在拣货作业时犯了一个错误，订单要求尾灯部件 25 套，其中灯部固定装置要求是可以活动的，可是小张在拣选作业时固定装置选了固定的。装箱等后续作业中相应人员也没有检查出来，最后到达客户手中发现了问题。老板得知后心急如焚，急忙赶到客户那边，花了 6000 美元才解决问题。老板回来后，拣货员小张递了辞职报告，老板问他：“除了这个事情我骂过你吗？”“没有。”“到客户那边是你去的吗？”“不是。”“我刚刚替你交了 6000 美元的学费是你付的吗？”“不是。”“我刚刚替你交完学费，你要离开了，回去害另外一个老板，你给我留下。”拣货员小张流下了眼泪，老板说：“把眼泪擦干，有本事就把我那 6000 美元赚回来再辞职，我马上就批，像个男人，这事就算了。”几年后，小张成了该部门的经理，为企业做出了自己的贡献。

（1）如果你是一位拣货员，当你犯了小张的错误后会怎么做？

（2）请分析这位老板的高明之处。

项目二 打包作业

项目描述

在上一项目中，佳通物流公司 1 号仓库的小明根据拣选单的要求完成了货物的拣选作业，紧接着是打包作业环节。

小明可以通过以下几个任务来学习并完成打包作业。首先，要熟悉封箱和打包的工具；其次，要熟悉封箱作业流程；最后，对封箱完毕的货物用手动打包机或半自动打包机进行打包操作。

此项目包含三个任务：封箱操作；手动打包机操作；半自动打包机操作。

项目目标

1. 知识目标

（1）认识手动打包机。

（2）认识半自动打包机。

（3）了解危险品包装标志。

2. 技能目标

（1）掌握封箱操作。

（2）掌握手动打包机的操作。

（3）掌握半自动打包机的操作。

3. 职业素养

（1）手动打包操作所需的职业素养。

（2）半自动打包操作所需的职业素养。

任务一 封箱操作

任务描述

1. 了解打包作业的含义，教师组织学生认识封箱操作需要用到的工具。

2. 教师进行封箱作业演示，学生观摩学习，并以小组为单位依次进行封箱操作，完成货物的封箱作业。

任务准备

一、打包作业概述

打包作业是货物分拣作业的补充，零散货物在完成分拣后进入装箱环节，货物入箱后即对纸箱进行打包操作，以便于物流过程中的装卸搬运。

常见的打包方法主要有手动打包、半自动打包、全自动打包三种。本书主要介绍前两种打包方法。

二、封箱工具

封箱操作需要用到的工具主要有以下几种：

1．胶带切割器

为了加快封装效率，并使胶带切割平整，在货物封箱操作时会用到胶带切割器。胶带切割器一般由前部的刀片、中间的支架和后部的胶带安装滚轮三部分组成。如图 4-11 所示。

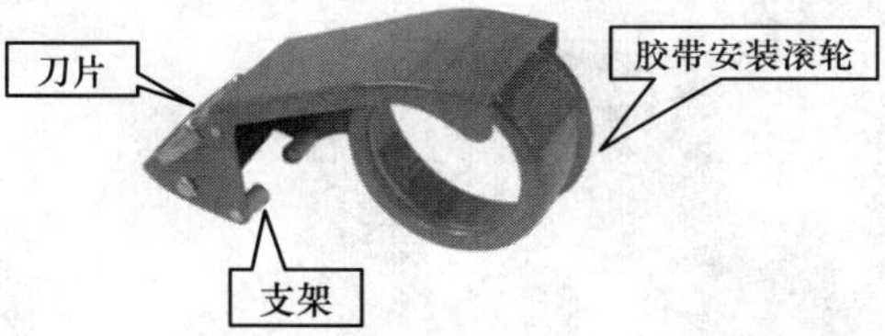

图 4-11　胶带切割器

2．胶带

胶带如图 4-12 所示。

图 4-12　胶带

任务实施

步骤一：将全班同学按 4～6 人一组，分成若干组，自选组长。

根据全班同学的情况进行分组，由各组自选组长，并报科任教师。由组长对本组成员进行分工，并组织本组同学完成步骤二～五，科任教师在旁边进行辅导。

步骤二：手动封箱操作准备。

各小组取若干纸箱和胶带切割器，做好手动封箱准备。各组成员按照操作步骤（见表 4-8），依次进行手动封箱操作。教师对操作过程中的规范性和准确性进行指导。

表 4-8　胶带切割器操作步骤参考

序　　号	步骤图示	步骤说明
1	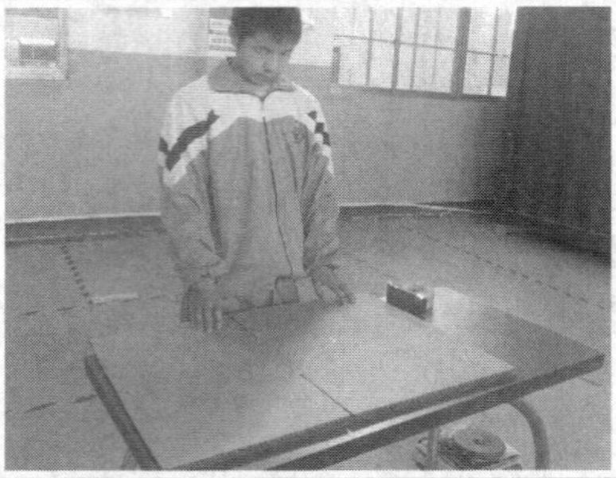	封箱准备。从包材区取所需纸板箱到操作台
2		从工具箱里取胶带、胶带切割器
3	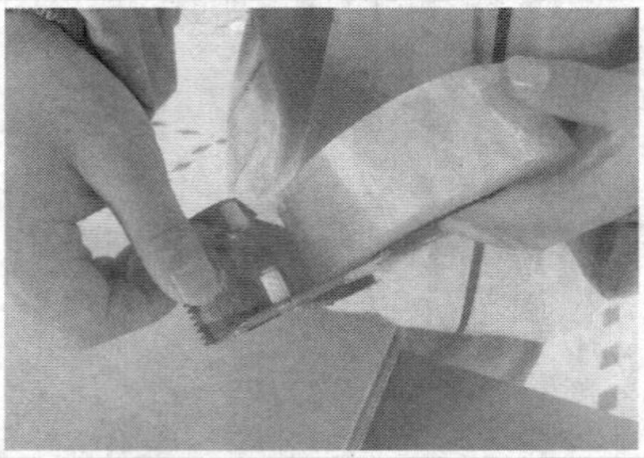	安装胶带切割器。将胶带的胶面朝上，从胶带安装滚轮和支架中穿出
4	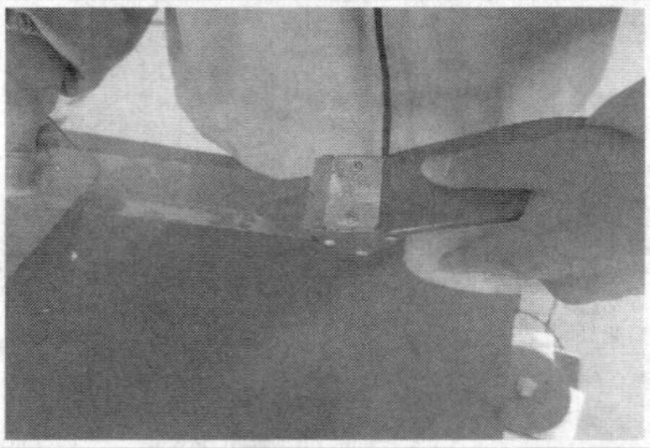	将胶带安装滚轮压紧胶带，使胶带与滚轮保持平衡的状态
5	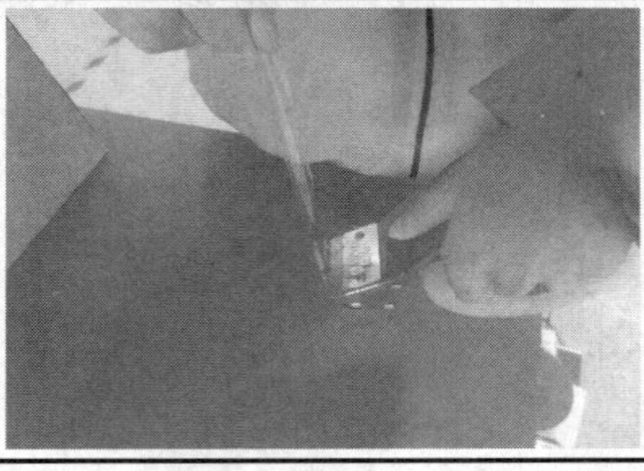	握紧胶带切割机及内胶带，用力向下切，注意刀片的齿口向上翘切时勿伤到胶带

步骤三：进行手工封箱操作。

各小组同学在完成手工封箱操作准备工作之后进行手工封箱的操作，按照以下操作步骤（见表 4-9）依次进行操作训练，教师在旁边指导，评价操作的规范和准确性。

表 4-9　手动封箱操作步骤参考

序　号	步骤图示	步骤说明
1	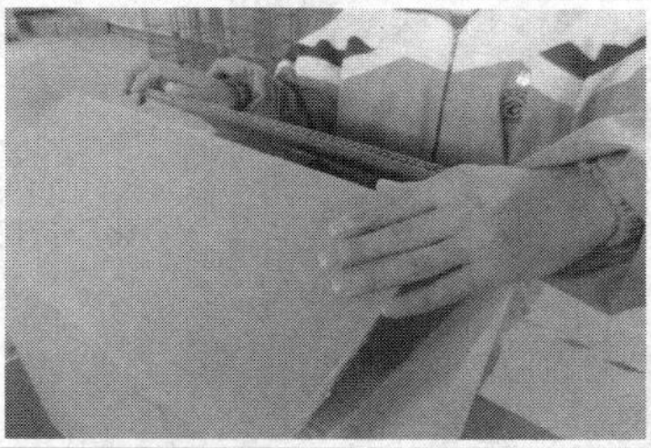	根据包装标志，将纸箱上层朝下放稳，底面各两边翻折
2	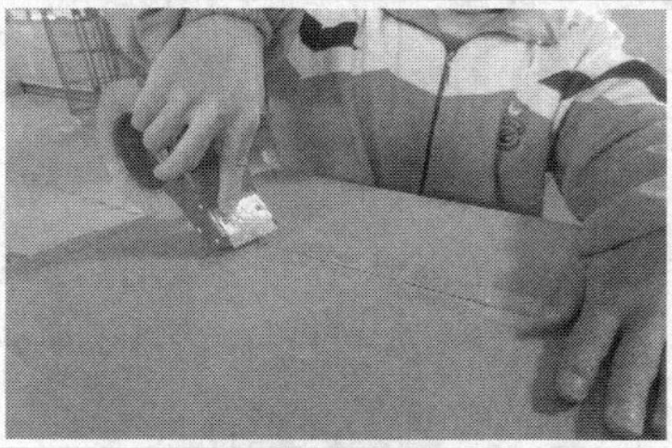	右手正确拿握切割器，左手拉出胶带粘于纸箱侧面并按住
3	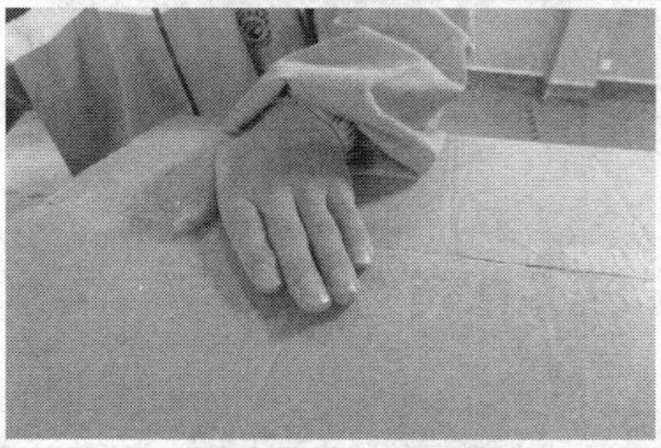	右手往另一侧拉切割器，当纸箱两边重合时将胶带按下，左手顺势一捋
4	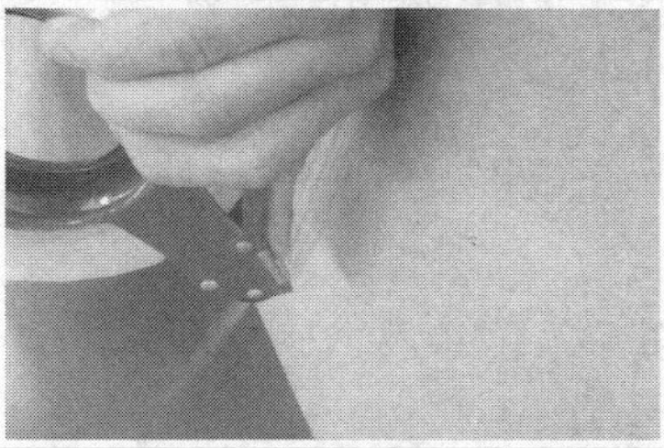	右手用切割器将胶带切除，尽可能保持两面胶带深度一致
5	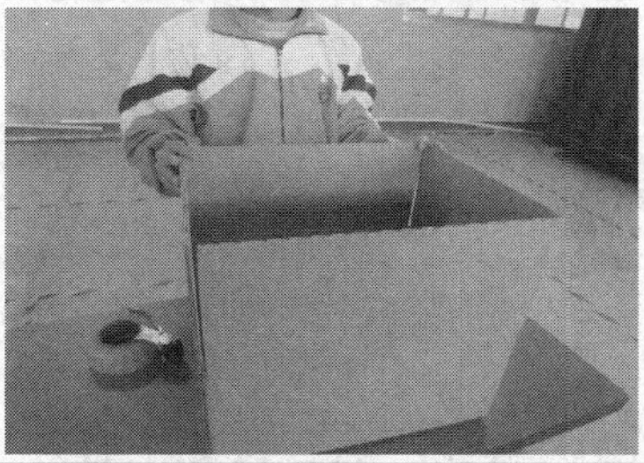	将纸箱翻转，重复步骤 1～4
6	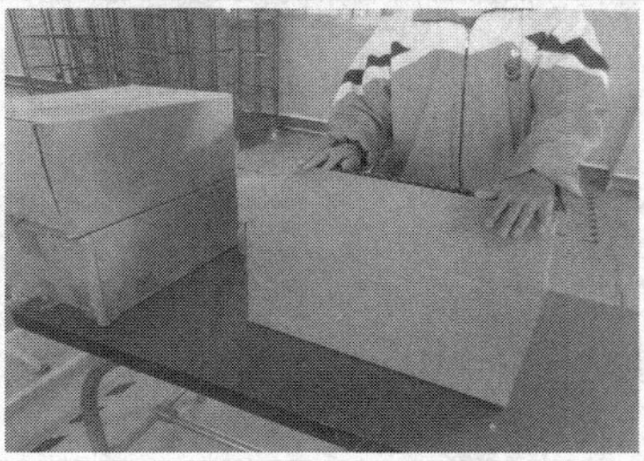	依次将剩下的纸板进行封箱

（续）

序　号	步骤图示	步骤说明
7		将胶带切割器等设备归位

注意事项：用胶带切割器进行切割时，若没有一次性切割完成，不要用手撕扯，继续切割并注意安全；切割时勿碰撞纸箱，造成纸箱破损。

步骤四：各组组长对本组成员进行评分，每组派 1 名代表为其他组评分。

组长根据小组成员的团队合作和任务完成情况进行评分；各组评分代表进行评分，评分代表所评的平均分为该组得分。评分代表不得对本组发言进行评分。

步骤五：教师点评，评定各组等级。

科任教师对各组进行点评，给出各组评分。

任务二　手动打包操作

任务描述

1. 各小组学生填写《手动打包准备记录表》，完成手动打包作业准备和手动打包器具的检查。

2. 根据手动打包操作步骤参考，每组成员依次进行手动打包作业。

任务准备

一、手动打包操作需要用到的器具

手动打包操作需要用到手动打包机。手动打包机又称“手提式打包机”，是较常用的一种打包器具，一般包括收紧机和咬扣器两部分。其工作原理是将打包带缠绕于打包物，通过收紧器将打包带收紧，最后在缠绕的打包带端口套上打包扣，利用咬扣器将打包扣夹紧，最后完成打包作业。手动打包机适用于需要进行打包操作，但是打包量较小的作业。

手动打包作业一般需要用到以下工具：

（1）手动收紧机：通过手动操作使捆扎在包件上的打包带收紧、牢固，如图 4-13 所示。

（2）咬扣器：咬合打包扣，使得打包带捆扎牢固，如图 4-14 所示。

（3）打包带：用于捆扎包件，如图 4-15 所示。

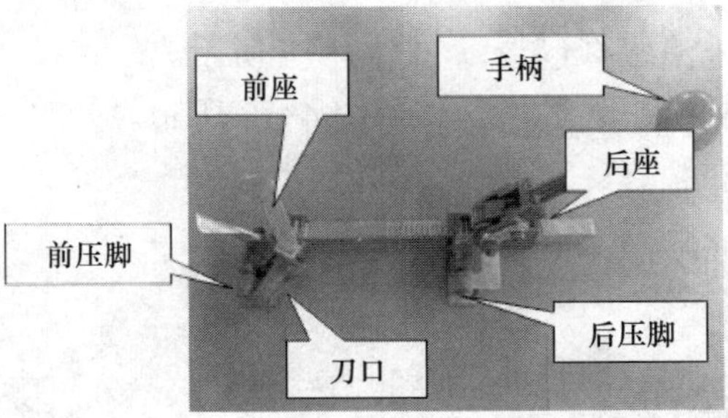

图 4-13　手动收紧机

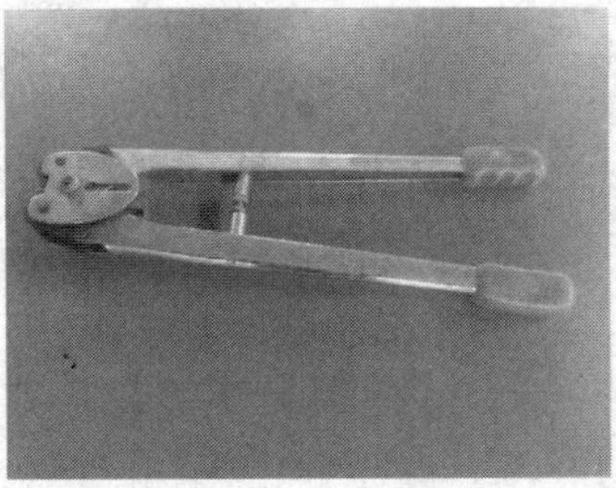

图 4-14　咬扣器

图 4-15　打包带

（4）打包扣：用于固定打包带接口，使得打包带衔接牢固，如图 4-16 所示。

（5）剪刀：裁剪打包带时用，如图 4-17 所示。

图 4-16　打包扣

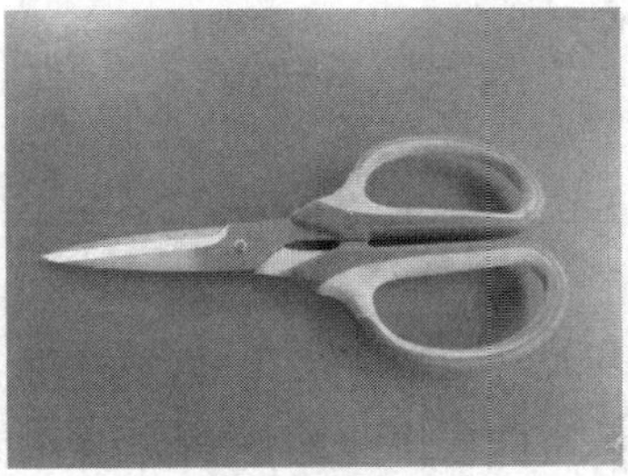

图 4-17　剪刀

二、手动打包操作注意事项

（1）打包作业开始前，先对操作台进行整理，使操作区域保持整齐清洁。

（2）检查手动收紧器、手动扣器等装置有无异常。

（3）打包时注意力集中，立足要稳，双手按住被打包物品。

（4）打包操作时，打包带调节要适当，不能太松，也不能太紧。

（5）打包带放置要适中，尽量不要遮挡标志标记。

（6）打包带取用要牢记“节约”原则，杜绝浪费。

（7）如有几款类似产品一起打包，一定要注意分区域打包。打包时要密切检查有无混箱情况，做完一款要清理完一款。

（8）打包作业完成后，把相应设备归位，打扫操作区域。

（9）操作过程中尽量戴棉纱手套。

三、不合格打包效果

（1）剩余打包带过长，浪费打包带，如图 4-18 所示。

（2）手动扣器夹得不到位，太过松动，如图 4-19 所示。

（3）打包带太松，容易脱落，如图 4-20 所示。

图 4-18　剩余打包带过长

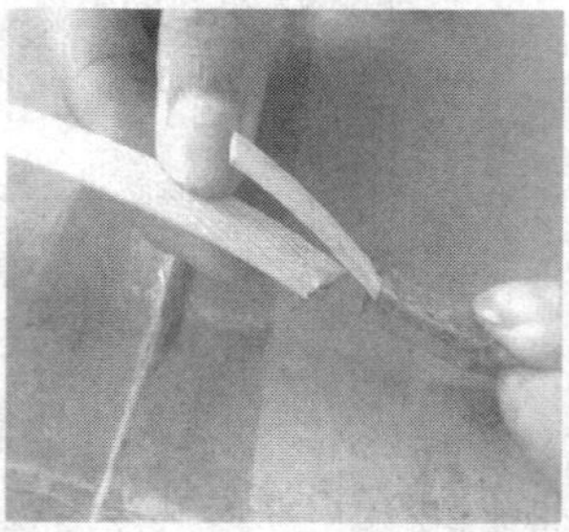

图 4-19　手动扣器夹得不到位

图 4-20　打包带太松

> **➲小知识**
>
> 打包机又叫捆包机，是将捆扎带缠绕于产品或包装件上，然后收紧捆扎带，并将捆扎带的两端通过热效应熔融或使用打包扣等材料连接起来的机器。打包机一般可分为以下类型：
>
> （1）按用途划分，可分为废纸打包机、金属打包机、秸秆打包机、棉花打包机、秸秆打包机等。
>
> （2）按性能划分，可分为全自动打包机、半自动打包机、手动打包机等。

任务实施

步骤一：将全班同学按 4～6 人一组，分成若干组，自选组长。

根据全班同学的情况进行分组，由各组自选组长，并报科任教师。由组长对本组成员进行分工，并组织本组同学完成步骤二～五，科任教师在旁边进行辅导。

步骤二：手动打包作业准备。

各小组组长负责安排分工，派组员解说手动打包作业需要用到的工具，并完成各设备的检查工作，填好《手动打包准备记录表》，见表 4-10。

表 4-10　手动打包准备记录表

班级：	姓名：	学号：
操作场所：	日期：	组别：
需要用到的工具		
工具检查	1. 手动拉紧器的前后压脚、刀片、摇杆是否灵活可用？	
	2. 手动扣器是否可用于咬合打包扣？	
	3. 打包扣是否无损？	
	4. 打包带长度是否足够用于本次打包操作（大致估算每箱货物需要用的打包带长度，算出大致需要多少打包带）？	
	5. 工作台面是否干净整洁？	

步骤三：操作手动打包机进行手动打包作业。

各小组同学在做好手动打包工作准备后，按照操作步骤（见表 4-11）开始进行手动打包作业。以小组为单位，每位组员依次进行手动打包操作，教师在一旁指导，评价操作的规范性和准确性。反复练习，注意操作用时的控制。

表 4-11　操作手动打包机进行打包作业步骤参考

序　号	步骤图示	步骤说明
1	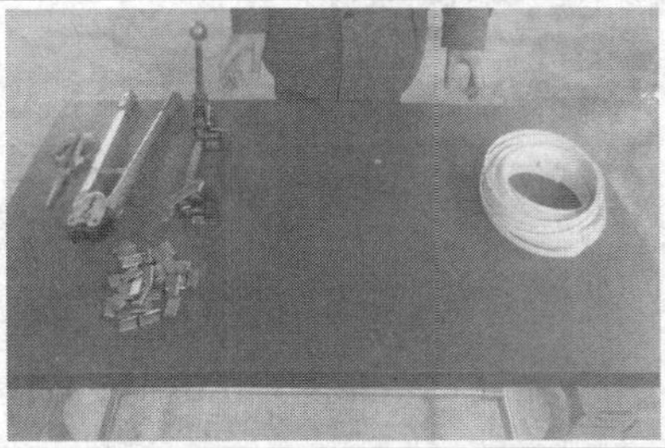	定位作业。整理操作台，保证操作台的整洁，并把工具放置在方便拿取的特定位置，保持整个作业环节的有序开展
2		左手固定住手动拉紧器前端，右手将手动拉紧器的手柄下压，并将手动拉紧器的后座拉至后端
3		将需要打包的货品移至操作台正中，封口处与操作人员平行
4	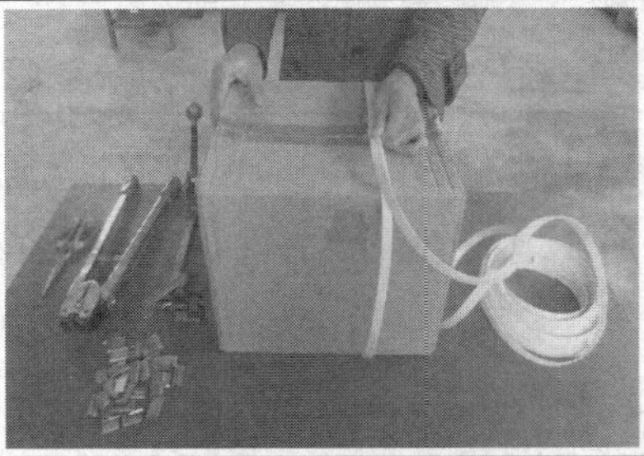	取打包带，将其环绕纸箱一周（如放置一条打包带，则应将打包带置于箱子中间处；如放置两条打包带，则应将打包带放置于箱子 1/3 处），调整打包带松紧度，用左手按住接口处
5	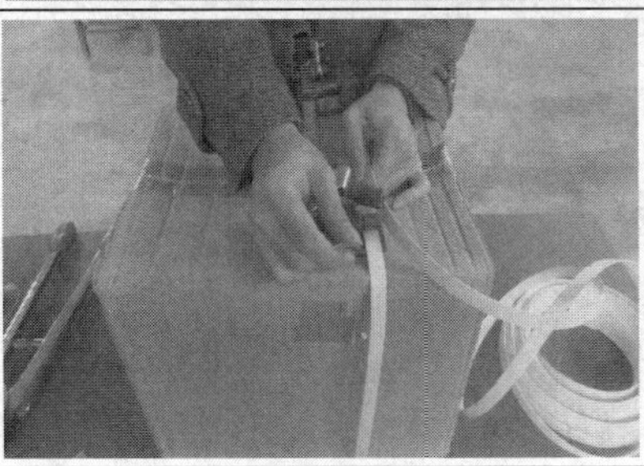	右手取一边的手动拉紧器，将其平放于纸箱上，与打包带平行。按下拉紧器前压脚，将打包带放入前压脚下固定。注意保留 8cm 左右的长度，以备打扣

（续）

序　号	步骤图示	步骤说明
6	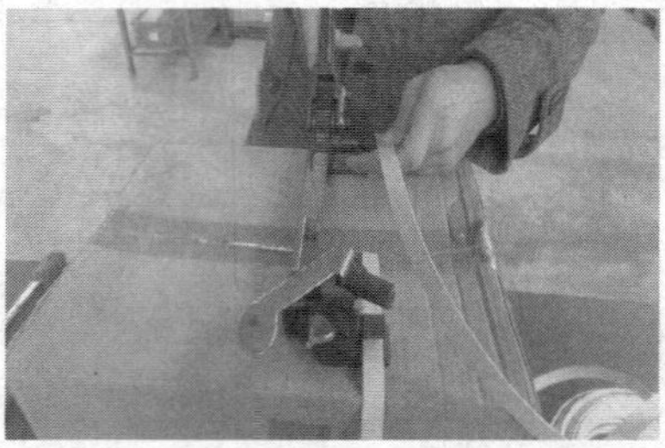	按下手柄，将打包带放置于后压脚下固定
7	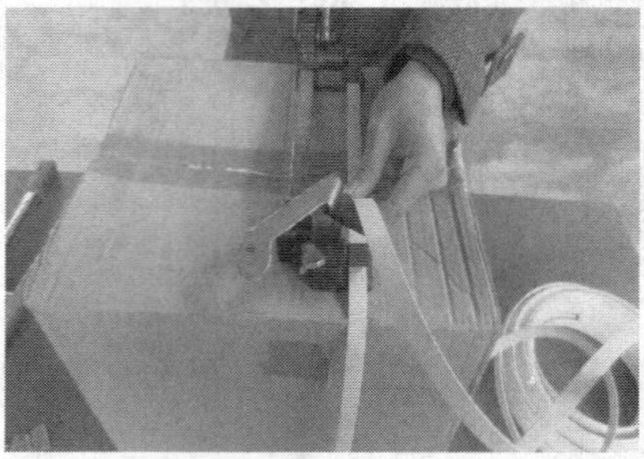	保持打包带与货箱宽方向平行
8	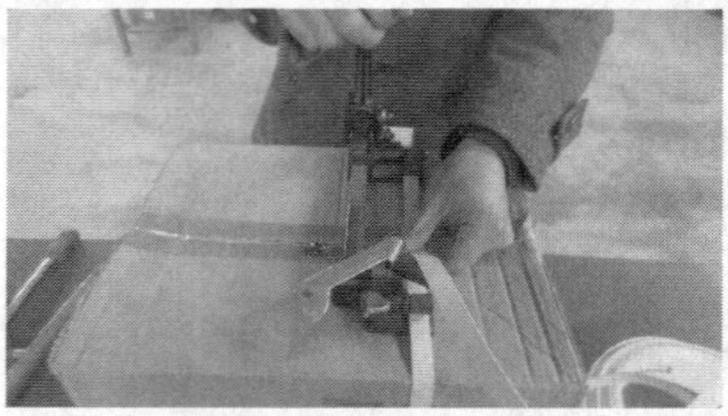	迅速推进手柄至明显感到打包带把纸箱卡紧
9	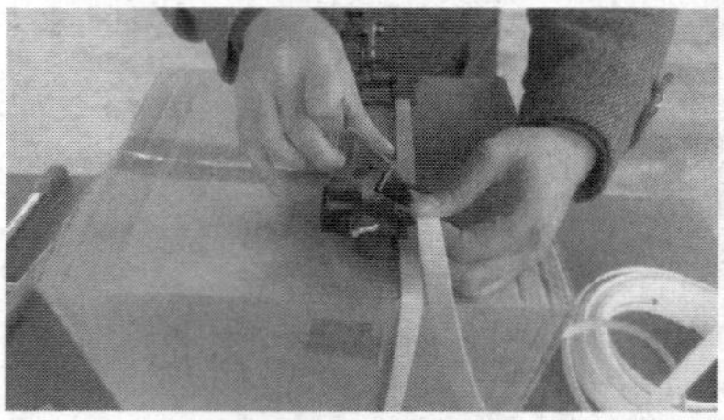	手柄摇动将打包带扣紧后，将前压脚处多余的打包带放入前座刀口处，切断
10	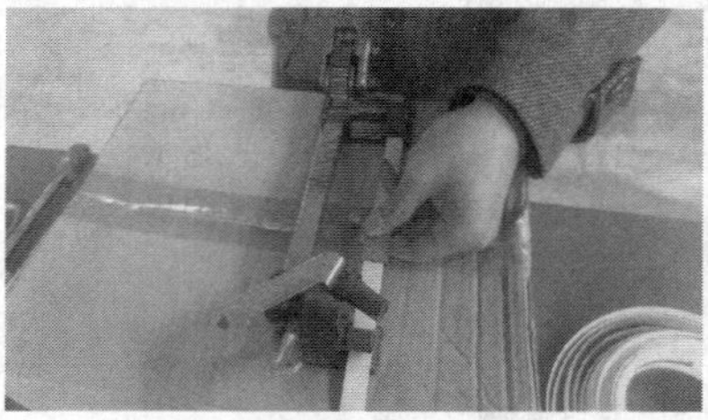	取打包扣，将打包带两头套入打包扣内（注意正反面）。打包扣应放置于打包带接口处。注意打包带各边应露出打包扣
11		取手动扣器，将其手柄打开，钳口处夹紧打包扣

（续）

序　　号	步骤图示	步骤说明
12		夹动手动扣器，使打包扣的表面成凹凸形即可
13	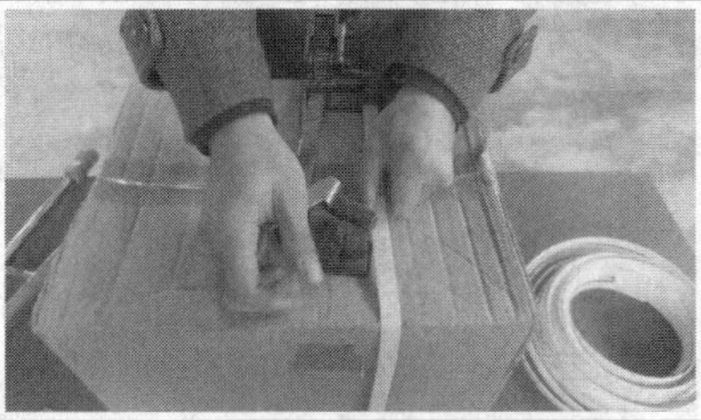	按下前压脚，松开前压脚下的打包带
14	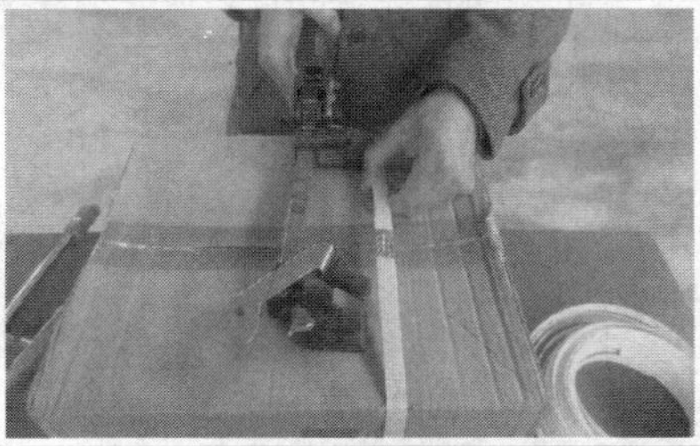	按下手柄，松开后压脚，取出后压脚下的打包带
15	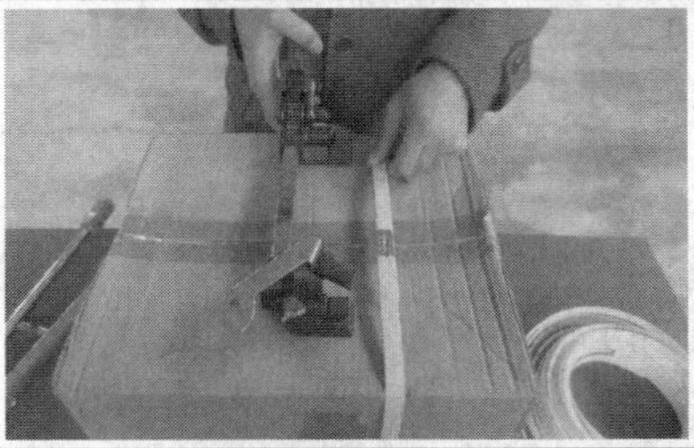	此时打包作业完成，打包带完全脱离手动拉紧器
16	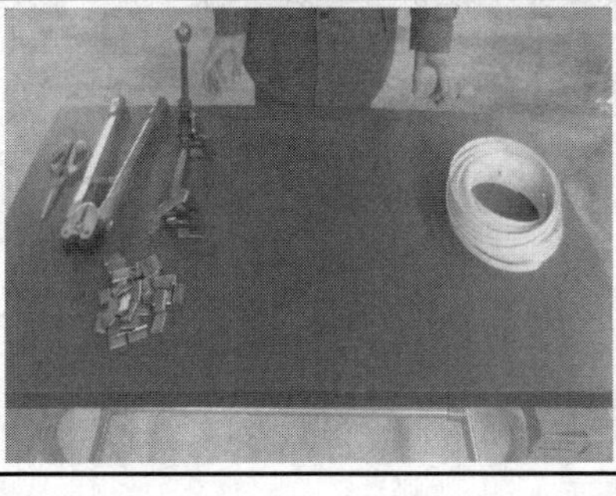	重复步骤 4～15，完成另一侧打包。将相关设备归位

步骤四：各组组长对本组成员进行评分，每组派 1 名代表为其他组评分。

组长根据小组成员的团队合作和任务完成情况进行评分；各组评分代表进行评分，评分代表所评的平均分为该组得分。评分代表不得对本组发言进行评分。

步骤五：教师点评，评定各组等级。

科任教师对各组进行点评，给出各组评分。

任务三　半自动打包机操作

任务描述

1. 了解半自动打包机的构成，小组讨论并派代表解说半自动打包机的基本结构。
2. 各组学生以小组为单位，依次操作半自动打包机，完成货物打包操作。

任务准备

一、半自动打包操作需要用到的器具

半自动打包作业常用到的工具主要有以下几种：

1. 半自动打包机

半自动打包机是一种较现代化的常用打包器具，如图 4-21 所示。半自动打包机的台面一般无动力，所以需人工放置包件才可以打包。其工作原理是将打包带插入加热口，并通过热效应熔融或使用包扣自动完成打包带的聚带、热合、切断、出带、停机。半自动打包机速度快、效率高、操作方便，适合于各种大小货物的自动打包作业，被广泛运用于各行各业。

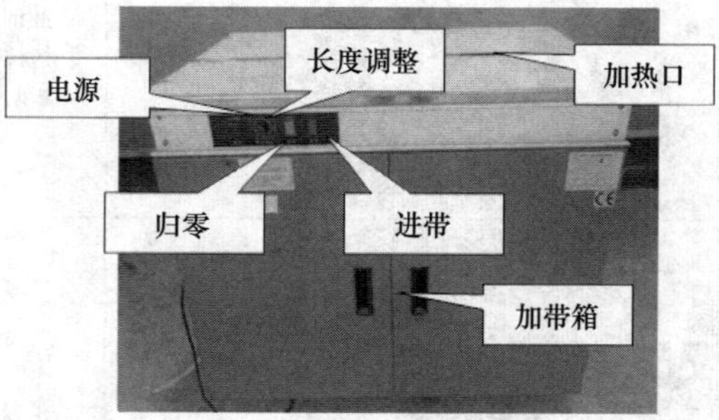

图 4-21　半自动打包机

2. 打包带

打包带用于捆扎包件。

二、使用半自动打包机的注意事项

（1）打包作业开始前，先对机台区域进行清洁整理，保持机台和地面的整洁。
（2）打包操作开始前，检查加带箱内打包带是否装好，输带滚轮表面有无油污。
（3）操作时，轻拿轻放，勿将头、手穿过打包带的跑道。
（4）操作完毕后，切记关闭打包机，拔掉电源。

（5）机器不经常使用时将加带箱内的带子卷回带盘，以免下次使用时变形。

（6）如有几款类似产品一起打包，一定要注意分区域打包，打包时要检查有无混箱情况，做完一款要清理完一款。

（7）勿用手直接触摸加热片，尽量戴棉纱手套进行操作，注意操作安全。

（8）勿用水冲洗机器，工作场所要避免潮湿。

（9）勿随意更换机器上的零件。

（10）对主要零部件要经常用润滑油润滑，但须注意以下几个零件不可加油：①送退带滚轮；②所有皮带；③打滑片及周围。每次加油时，不要加太多，以免微开关因浸油而产生故障。

（11）牢记“节约”原则，避免任何浪费。

（12）打包作业完成后，将相应设备归位；清洁整理机台区域，将机器内带屑或脏物清除。

➲小知识

全自动打包机与半自动打包机有什么区别呢？

1. 打包机形状不同

半自动打包机有低台半自动打包机和高台半自动打包机之分，全自动打包机有立式全自动打包机和侧式全自动打包机之分。

2. 打包机插带方式不同

使用半自动打包机时，捆扎连续可靠，塑料带贴紧包件表面，接头牢固，机器电气安全，工作噪声、烟雾等不影响操作人员健康；使用全自动打包机时，无需人工插带，触发方式有点动、手动、连打、球开关、脚踏开关，只须按动开关就可以自动完成打包，方便快捷。

3. 适用的打包量不同

半自动打包机由于每个产品都须手动操作，所以不适合大批量的打包作业，如产量不是很大，可以选择使用；全自动打包机由于一系列动作都是自动完成，适合单机大批量打包作业。

4. 打包机价格不同

全自动打包机比半自动打包机的价格贵许多。

任务实施

步骤一：将全班同学按 4～6 人一组，分成若干组，自选组长。

根据全班同学的情况进行分组，由各组自选组长，并报科任教师。由组长对本组成员进行分工，并组织本组同学完成步骤二～五，科任教师在旁边进行辅导。

步骤二：半自动打包作业准备。

各小组由组长负责安排分工，派组员解说半自动打包作业需要用到的工具，并完成各设备的检查工作，填好《半自动打包准备记录表》（见表 4-12）。

表 4-12　半自动打包准备记录表

班级：	姓名：	学号：
操作场所：	日期：	组别：
工具检查	1．电源是否连接？	
	2．各开关是否可用？	
	3．能否顺利进带、出带？	
	4．打包带长度是否足够用于本次打包操作（大致估算每箱货物需要用的打包带长度，算出大致需要多少打包带）？	
	5．工作台面是否干净整洁？	

步骤三：操作半自动打包机进行手动打包作业。

各小组同学在完成准备工作后，按照操作步骤（见表 4-13）开始进行半自动打包作业。以小组为单位，每位组员依次进行半自动打包操作，教师在一旁指导，评价操作的规范性和准确性。反复练习之后注意操作用时的控制。

表 4-13　半自动打包机打包操作步骤参考

序　　号	步 骤 图 示	步 骤 说 明
1	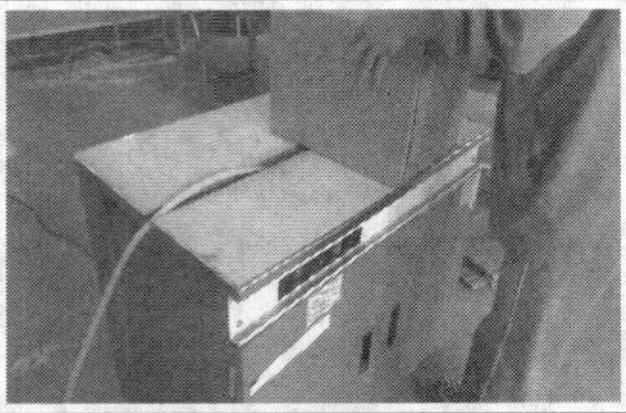	取包件，放置于半自动打包机工作台正中间，使货物封口处与加热口垂直
2		左手取打包带，如果长度不够，按绿色进带按钮，使长度足够打包
3		当长度足够时，摆正打包带并置于箱体中间，左手轻压打包带，防止打包带移动，右手将打包带一端弯曲伸入加热口
4		此条打包带打包完成后，将打包带摆正、放平，箱体迅速撤离旋转 90° 后，放于打包机正中位置

（续）

序　号	步骤图示	步骤说明
5		重复步骤1～4，进行下一条打包带的打包操作
6		完成田字形打包
7	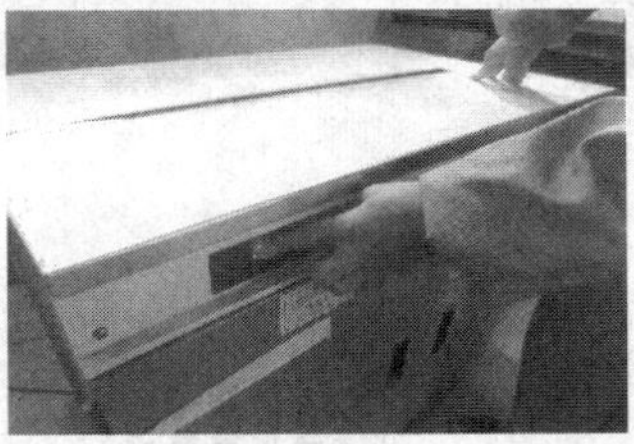	关闭电源，将相关设备归位

步骤四：各组组长对本组成员进行评分，每组派1名代表为其他组评分。

组长根据小组成员的团队合作和任务完成情况进行评分；各组评分代表进行评分，评分代表所评的平均分为该组得分。评分代表不得对本组发言进行评分。

步骤五：教师点评，评定各组等级。

科任教师对各组进行点评，给出各组评分。

项目评价

小组名称		成员名字				
考评标准	考评项目	分值/分	组内评分	他组评分	教师评分	实际得分
	封箱操作	15				
	了解手动打包机和半自动打包机的构造	15				
	手动打包机的操作	20				
	半自动打包机的操作	20				
	语言表达	15				
	团队合作	15				
合　计		100				

注：实际得分=组内评分×30%+他组评分×30%+教师评分×40%。

巩固提高

一、判断题

1. 常见的打包方法主要有手动打包、半自动打包、自动打包三种。 （　　）
2. 打包作业开始前，先对机台区域进行清洁整理，保持机台和地面整洁。 （　　）
3. 打包带放置要适中，尽量不要遮挡标志标记。 （　　）

二、单项选择题

1. 为了加快封装效率，同时使胶带切割平整，在货物封箱操作时会用到（　　）。
   A．手动收紧器　B．手动扣器　C．胶带切割器　D．打包扣
2. 打包机按性能划分，不包括（　　）。
   A．全自动打包机　B．金属打包机　C．半自动打包机　D．手动打包机
3. 以下关于半自动打包机的使用注意事项描述不正确的是（　　）。
   A．操作时，轻拿轻放，勿将头、手穿过带子的跑道
   B．操作完毕后，切记关闭机器，拔掉电源
   C．勿用水冲洗机器，工作场所要避免潮湿
   D．可以随意更换机器上的零件
4. 下列属于非易燃、无毒气体标志的是（　　）。

A.

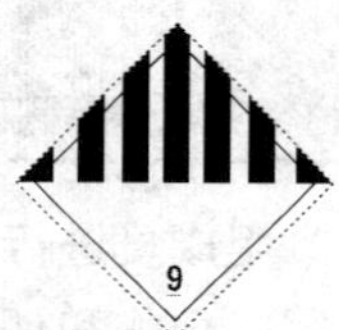

B.

C.

D.

三、多项选择题

1. 手动打包用到的器具包括（　　）。
   A．收紧器　B．咬扣器　C．打包带　D．打包扣
2. 对主要零部件要经常用油润滑润滑，以下不可加油的零件有（　　）。
   A．送退带滚轮　B．所有皮带　C．打滑片及周围　D．滚轴处
3. 以下属于不合格打包效果的有（　　）。
   A．剩余打包带过长，浪费打包带
   B．手动扣器夹得不到位，太过松动
   C．打包带太松，容易脱落
   D．打包带太紧，造成纸箱损坏

知识能力提升

危险品包装标志

危险品包装标志一般粘贴于有毒品、易燃品、腐蚀性物品、爆炸品、放射性物品等货物的运输包装或外包装表面，是用来表示危险品货物的物理性质、化学性质、危险程度，提醒人们在运输、储存、保管、搬运等活动中引起注意的文字或图形说明。

危险品包装标志通常分为以下几类：

（1）爆炸品标志。符号（爆炸的炸弹）：黑色；底色：橙黄色；数字“1”写在底角，如图 4-22 所示。

图 4-22　爆炸品标志

（2）易燃气体标志。符号（火焰）：黑色或白色；底色：红色；数字“2”写在底角，如图 4-23 所示。

图 4-23　易燃气体标志

（3）非易燃、无毒气体标志。符号（气瓶）：黑色或白色；底色：绿色；数字“2”写在底角，如图 4-24 所示。

图 4-24　非易燃、无毒气体标志

（4）有毒气体标志。符号（骷髅和交叉的骨头棒）：黑色；底色：白色；数字“2”写在底角，如图 4-25 所示。

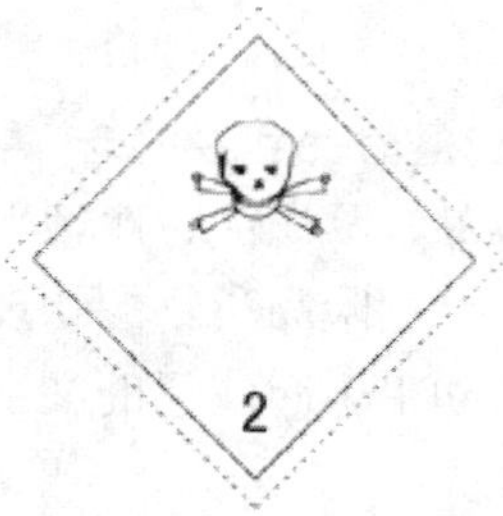

图 4-25　有毒气体标志

（5）易燃液体标志。符号（火焰）：黑色或白色；底色：红色；数字“3”写在底角，如图 4-26 所示。

图 4-26　易燃液体标志

（6）易燃固体标志。符号（火焰）：黑色；底色：白色加上七条竖直红色条带；数字“4”写在底角，如图 4-27 所示。

图 4-27　易燃固体标志

（7）易自燃物质标志。符号（火焰）：黑色；底色：三半部为白色，下半部为红色；数字“4”写在底角，如图 4-28 所示。

图 4-28　易自燃物质标志

（8）遇水放出易燃气体的物质标志。符号（火焰）：黑色或白色；底色：蓝色；数字“4”写在底角，如图 4-29 所示。

图 4-29 遇水放出易燃气体的物质标志

（9）氧化剂（物质）标志。符号（圆圈上带有火焰）：黑色；底色：黄色；数字“5.1”写在底角，如图 4-30 所示。

图 4-30 氧化剂（物质）标志

（10）有机过氧化物标志。符号（圆圈上带有火焰）：黑色；底色：黄色；数字“5.1”写在底角，如图 4-31 所示。

图 4-31 有机过氧化物标志

（11）有毒物质标志。符号（骷髅和交叉的骨头棒）：黑色；底色：白色；数字“6”写在底角，如图 4-32 所示。

图 4-32 有毒物质标志

（12）感染性物质标志。符号（三个新月形符号沿一个圆圈重叠在一起）和文字：黑色；底色：白色；数字“6”写在底角，如图 4-33 所示。

图 4-33　感染性物质标志

（13）放射性物质标志。符号（三叶形）：黑色；底色：白色；文字（强制性要求）：在标志的下半部分用黑体标出“RADIOACTIVE”（放射性）“CONTENTS”（内容物名称）“ACTIVITY”（放射性强度），“RADIOACTIVE”字样后面标上一条垂直的红色短杠；数字“7”写在底角，如图 4-34 所示。

图 4-34　放射性物质标志

（14）裂变性物质标志。底色：白色；文字（强制性要求）：在标志的上半部分用黑体标出“FISSILE”（裂变性）字样，在一个黑框内标出“Criticality Safety Index”（临界安全指数）；数字“7”写在底角，如图 4-35 所示。

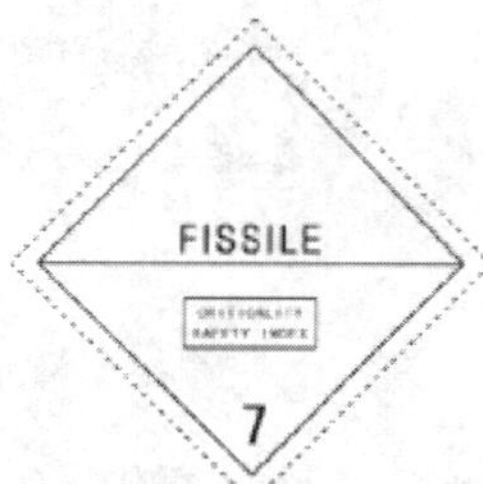

图 4-35　裂变性物质标志

（15）腐蚀性物质标志。符号（液体从两个玻璃容器中流出来侵蚀了手和金属）：黑色；底色：上半部分白色，下半部分黑色带白边；数字“8”写在底角，如图 4-36 所示。

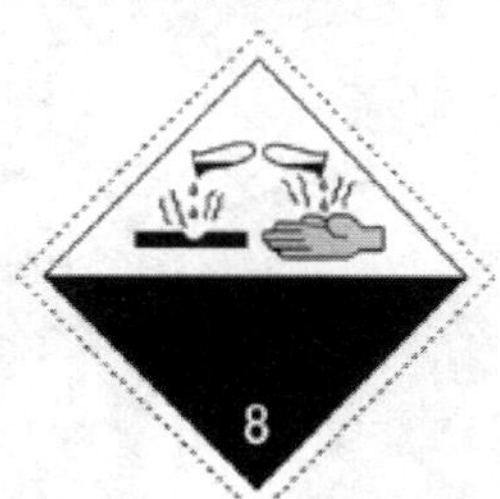

图 4-36　腐蚀性物质标志

（16）杂类危险物质和物品标志。符号（在上半部分有 7 条竖直条带）：黑色；底色：白色；数字“9”写在底角，如图 4-37 所示。

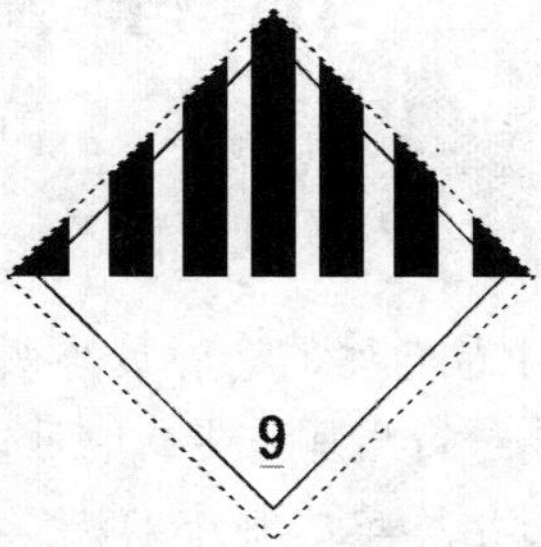

图 4-37　杂类危险物质和物品标志

职业素养提升

小李是某中职学校的学生，所学专业是物流，毕业后在本地的仓储企业找到了一份仓管员的工作。小李每天的工作任务就是收货入库、简单的流通加工以及出库操作。由于在校期间，小李没有很好地学习专业知识，所以工作时，连基本的操作都不会，手动打包机和自动打包机也不会使用，很多同事都不愿意跟他一起干活，怕影响自己的工作进度。老板对小李下达了通知，一个星期内再完不成工作就卷铺盖走人。这时，小李才硬着头皮去请教师傅，在实际工作中不断学习锻炼，并用业余时间找学校的老师补课。慢慢地，很多操作都能熟练掌握，同时配合好同事做好相关工作，获得了领导的赞赏。

（1）最开始的时候小李的同事为什么都不愿意跟他一起干活？

（2）小李有哪些地方值得大家学习？

项目三 出库操作

项目描述

在上一项目中，佳通物流公司1号仓库的仓管员小明根据客户要求完成了相应的拣货及打包作业。接下来，仓管员小明需要进行出库作业。他可以通过以下几个任务来完成本项目。首先，必须了解各种出库单据，学习出库单的制作方法；其次，要使用堆高机完成下架作业；接着，要对货物进行下架的搬运操作；最后，完成出库作业的交接工作及设备的归位。

此项目包含三个任务：出库单的制作；整箱出库作业；零散出库作业。

项目目标

1. 知识目标

（1）认识出库的相关单据。

（2）掌握整箱出库作业的流程。

（3）掌握零散出库作业的流程。

（4）了解返品作业。

2. 技能目标

（1）根据出库要求完成出库单的制作。

（2）能够利用堆高车完成整箱或零散货物的下架作业。

（3）能够运用搬运车或手推车完成整箱或零散货物的下架搬运操作。

（4）能够对设备进行返库作业。

（5）掌握出库作业的交接操作。

3. 职业素养

出库作业所需的职业素养。

任务一 出库单的制作

任务描述

了解出库的相关单据，根据出库要求操作系统软件，完成出库单的制作和填写。

任务准备

一、出库相关单据

出库作业是仓库部门根据销售部门或存货单位开具的出库凭证，按商品的名称、编号、规格、数量、重量等内容组织商品出库的一系列工作的总称。

商品出库的相关单据主要有提货单（见表 4-14）、出库单（见表 4-15）、调拨申请单（见表 4-16）、仓库放行单（见表 4-17）和门卫放行登记表（见表 4-18）。

表 4-14 提 货 单

提货单位： 年 月 日

编 号	名 称	规 格	单 位	数 量	单 价	金 额	备 注
合 计							

表 4-15 出 库 单

客户名称：

要货日期： 送货日期：

序 号	商品编号	商品名称	规 格	条 码	出库箱数		备 注
					整 箱	零 散	
合 计							

表 4-16 调拨申请单

进入仓库： 年 月 日 出货仓库：

编 号	品 名	规 格	单 位	数 量	原因说明

制单人：

表 4-17 仓库放行单

填发日期：

提货单位：		车号：	
品 名	规 格	单 位	数 量

表 4-18　门卫放行登记表

品　　名	规　　格	单　　位	数　　量

➲小知识

货物出库要求做到“三不，三核，五检查”。

“三不”是指未接单据不翻旧账，未经审核不备库，未经复核不出库。

“三核”是指在发货时，要核实凭证、核对账卡、核对实物。

“五检查”是指要对单据和实物进行品名检查、规格检查、包装检查、件数检查、重量检查。

任务实施

步骤一：将全班同学按 4～6 人一组，分成若干组，自选组长。

根据全班同学的情况进行分组，由各组自选组长，并报科任教师。各组组长对本组成员进行分工，组织本组同学完成步骤二～四，科任教师在旁边进行辅导。

步骤二：操作环众仓储系统进行出库单的制作和填写作业。

各组组员先认真看老师操作，然后按照操作步骤（见表 4-19），分别运用环众仓储系统进行出库单的制作和填写操作，反复练习，教师对操作的规范性和准确性进行评价。

表 4-19　出库单制作步骤参考

序　　号	步 骤 图 示	步 骤 说 明
1		打开环众仓储系统，进入“出库作业”界面。单击“接单管理”，进入“接单管理”作业界面
2	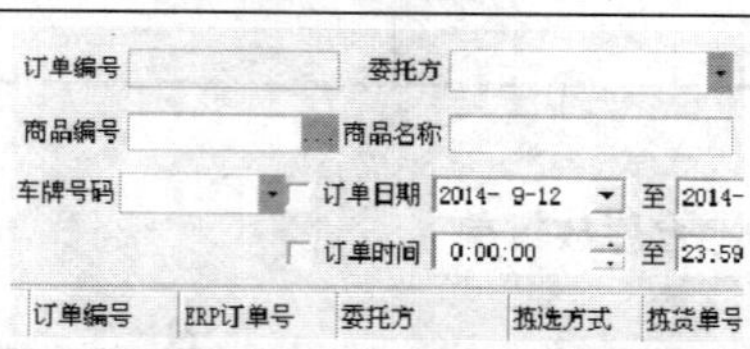	“接单管理”作业界面的右上方有“委托方”选项框。在“委托方”选项框的下拉列表中选择相应的委托方
3	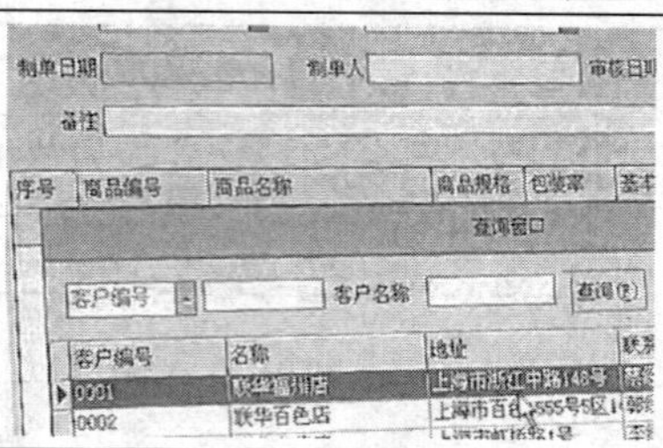	单击“客户编号”跳出查询窗口，单击查询窗口上的“查询”，会跳出所有的客户编号，选择相应的客户编号。同时，客户名称也会自动显示出来

（续）

<table>
<tr><th>序　号</th><th>步 骤 图 示</th><th>步 骤 说 明</th></tr>
<tr><td>4</td><td>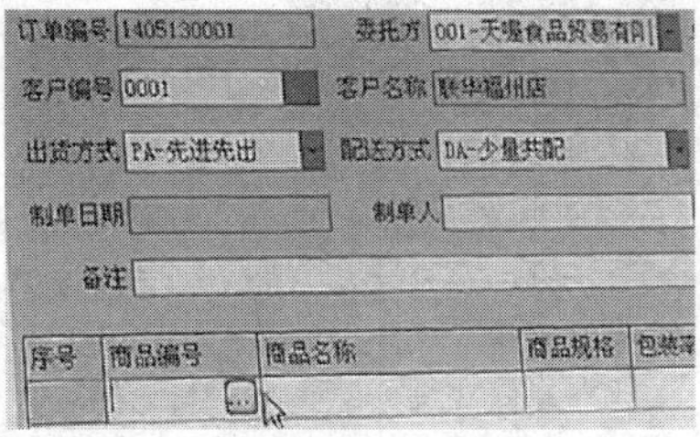</td><td>双击“商品编号”一栏，在选项框尾部会出现一个小方格</td></tr>
<tr><td>5</td><td>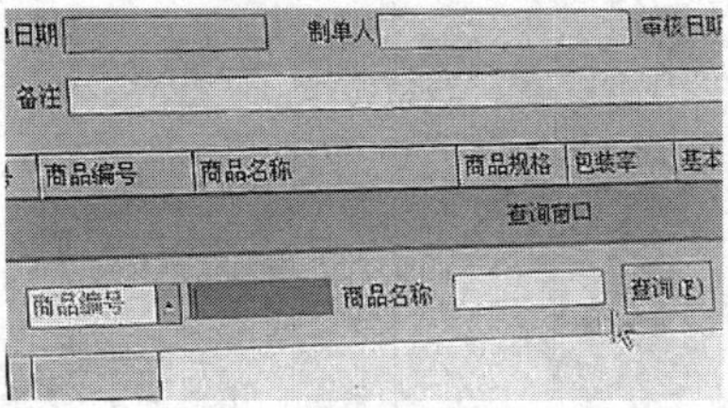</td><td>单击小方格，出现查询窗口，选择所需要的商品编号</td></tr>
<tr><td>6</td><td>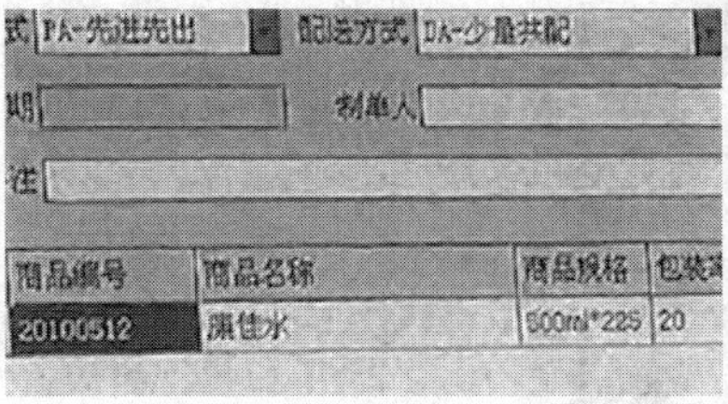</td><td>选择完毕，除“整箱数”和“零散数”外，其他空格处均会自动显示相应数据</td></tr>
<tr><td>7</td><td>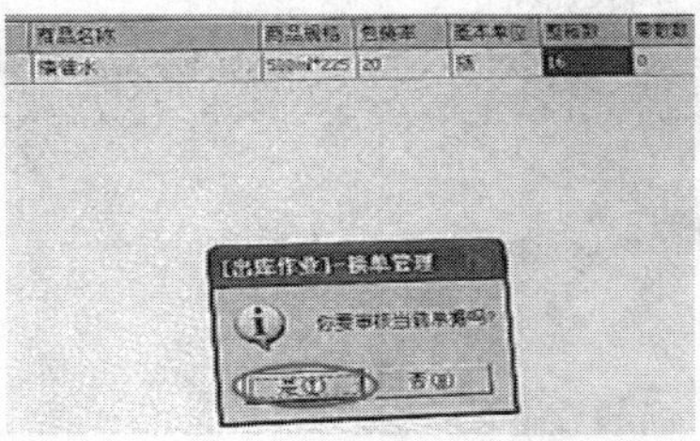</td><td>在“整箱数”或“零散数”处双击填入相应的数据，单击表上方的“保存”按钮，然后单击“审核”按钮进行审核，会跳出“【出库作业】-接单管理”按钮，在弹出的“你要审核当前单据吗？”对话框中单点击“是”</td></tr>
<tr><td>8</td><td>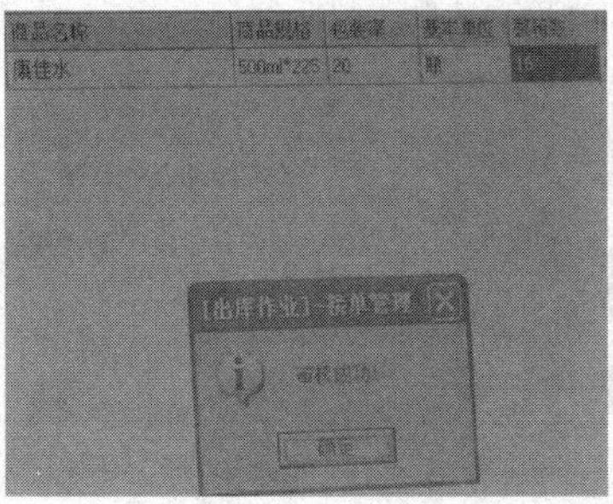</td><td>出现“审核成功！”提示对话框后，单击“确定”按钮，进行审核的确定</td></tr>
<tr><td>9</td><td>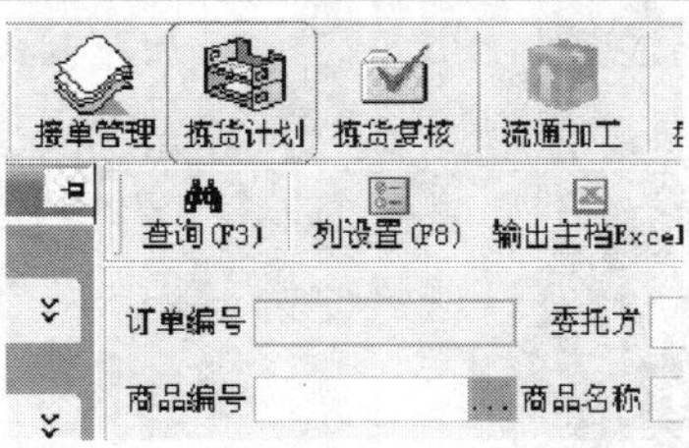</td><td>单击系统界面上方的“拣货计划”按钮</td></tr>
</table>

（续）

序　　号	步 骤 图 示	步 骤 说 明
10	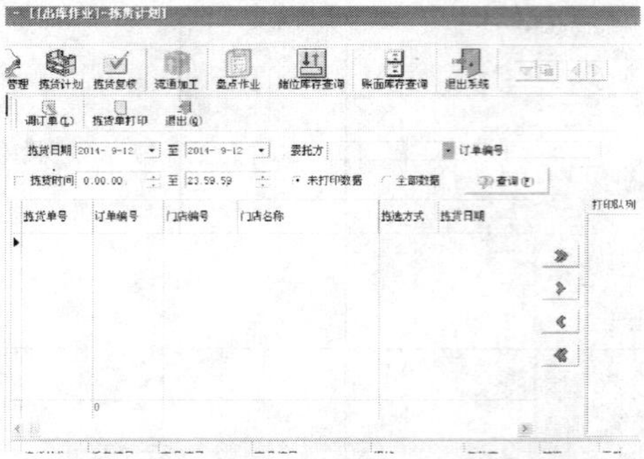	出现如图所示的“拣货计划”界面
11	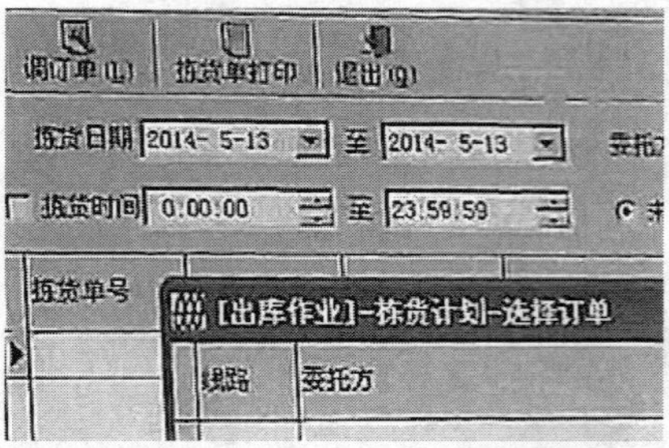	单击“拣货计划”界面左上角的“调订单”按钮，出现“【出库作业】-拣货计划-选择订单”对话框
12	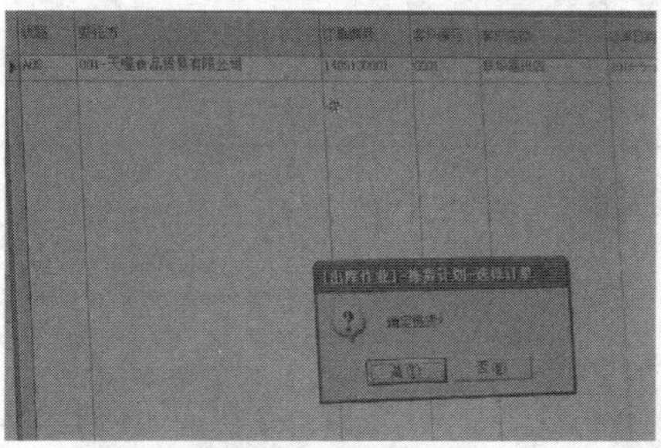	在“【出库作业】-拣货计划-选择订单”中选择相应的委托方，当出现“确认拣货”对话框时，选择“是”进行拣货确认
13	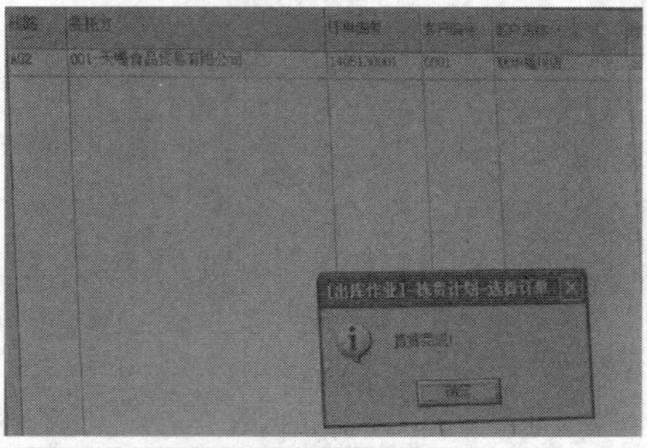	当出现“拣货完成”对话框时，选择“确定”进行确定
14	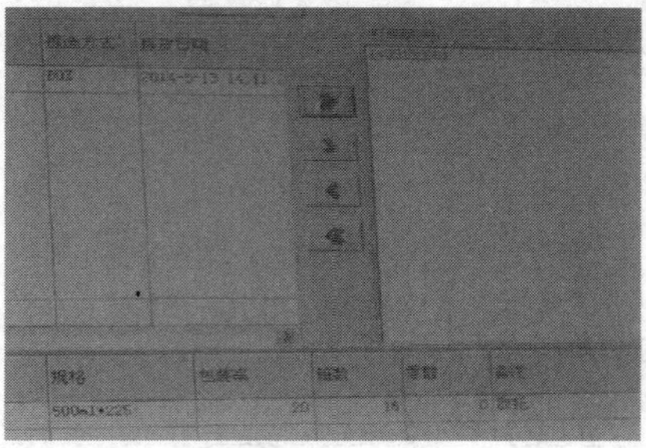	把左边表格中的拣货信息通过中间的添加按钮“>”添加到右边的打印队列表框内

（续）

序　号	步骤图示	步骤说明
15	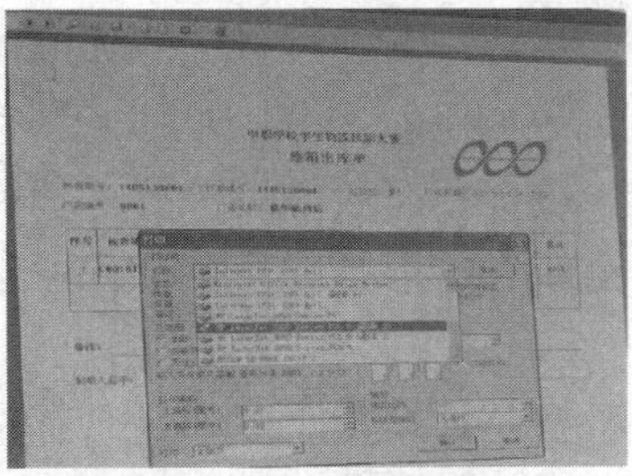	当出现“出库单”界面时，单击工具栏中的“打印”按钮，出现打印对话框，选择打印机等相关选项，最后单击“确定”进行打印操作
16		等待打印机打印，拿取“出库单”

注意事项：可以同时制作整箱出库单和零散出库单（包括电子分拣单或小件分拣单），并依次打印。

步骤三：各组组长对本组成员进行评分，每组派 1 名代表为其他组评分。

组长根据小组成员的团队合作和任务完成情况进行评分；各组评分代表进行评分，评分代表所评的平均分为该组得分。评分代表不得对本组发言进行评分。

步骤四：教师点评，评定各组等级。

科任教师对各组进行点评，给出各组评分。

任务二　整箱出库作业

任务描述

1. 熟悉出库作业的流程，各组成员以小组为单位，由组长负责组织组员利用堆高车完成整箱货物的下架作业。

2. 各组成员在完成下架作业之后，利用搬运工具完成货物的下架搬运操作。

3. 完成搬运操作后，各组由组长负责组织组员进行角色扮演，完成出库单的交接作业。

任务准备

在进行出库作业之前，首先要熟悉出库作业的流程。货物出库作业的流程主要包括以下几步：

1. 制作并核对相关出库凭证，做好出库准备工作

商品出库时，首先必须制作相关出库凭证。其次，根据销售合同或客户通知，核对和审查出库凭证的相关内容，审核无误后才能进行备货作业。最后，准备好相应的操作工具，合理组织人员到场操作。

2．集中办理备货

仓管员对出库凭证相关内容审核无误后，按照出库凭证上所列的内容，找到对应的货物，核对单据上所列项目与实物对应的相符情况，核实相符后方可进行拣货和配货，集中办理备货作业。备货时，应遵守“先进先出，推陈出新”的原则。（拣货作业参照本模块项目一进行操作）。

通过备货作业，仓库管理人员可以预先了解是否缺货、货物是否存在质量问题等情况，提前准备，提高出库效率，减少出库差错。

3．进行全面复核

为了保证出库的货物准确无误，要对备好的货物进行全面细致的检查核对，确保所发货物正确，符合客户要求。

核查项目一般包括以下几项：

（1）品名、数量、重量、规格是否与出库单一致。

（2）货物的外观质量、包装、标记标志是否完好。

（3）内在质量是否符合要求。

（4）相关单据证件是否齐全等。

4．办理交货手续

备齐货物并核查完毕后，即可办理交货手续。交货后完成配载作业（参照本模块项目四进行操作）。货物交接要尽量采取当面交接的方式，并在相应的单据上签字并盖章确认。

5．善后处理

仓管员在办完交接手续后要做好相关善后工作。主要包括清理现场、整理单据、登记账册、资料归档、妥善安排出库的人力和车辆等。

➲小知识

货物出库方式

货物出库方式是指用什么样的方式将货物交给客户。选择哪种出库方式，应由买卖双方事先商定，一般主要有以下几种：

1．送货

送货是指仓库根据货主单位的“商品调拨通知单”，把商品交由运输部门或提供配送服务的部门送达收货单位。

2．自提

自提是指由收货人或其代理持“商品调拨通知单”直接到库提取，仓库凭单发货。自提具有“提单到库、随到随发”的特点。

3．过户

过户是一种就地划拨的形式，商品虽未出库，但是所有权已从原库存货户转移到新存货户。仓库必须根据原存货单位开出的正式过户凭证办理过户手续。

4. 取样

取样是指货主单位出于对商品质量检验、样品陈列等的需要，到仓库提取货样。仓库根据正式取样凭证才予以发给样品，并做好账务记载。

5. 转仓

转仓是指货主单位为了业务方便或改变储存条件，需要将某批库存商品从甲库转移到乙库。仓库必须根据货主单位开出的正式转仓单，才予办理转仓手续。

任务实施

步骤一：将全班同学按4～6人一组，分成若干组，自选组长。

根据全班同学的情况进行分组，各组自选组长，并报科任教师。由组长对本组成员进行分工，并组织本组同学完成步骤二～六，科任教师在旁边进行辅导。

步骤二：整箱出库下架作业。

模拟货物在高层货架，各小组同学按照操作步骤（见表4-20），依次进行整箱出库下架作业，教师评价操作的规范性和准确性。

表4-20　操作堆高车完成出库下架作业步骤参考

序　号	步骤图示	步骤说明
1		戴上安全帽，到设备区取可用于操作的堆高车，对堆高车进行设备检查。根据出库单或用RF手持终端下载出库任务
2		出库任务下载完成后，拉动堆高车去相应的储位
3		把堆高车拉至要取件的货位前，踩下制动踏板

（续）

序　号	步 骤 图 示	步 骤 说 明
4		操作操纵杆，升货叉至要叉货物托盘前，双目注视前方，查看货叉伸入情况
5		将货叉插入托盘内，注意与货叉架保持一定距离，操作操纵杆，叉起货物托起
6	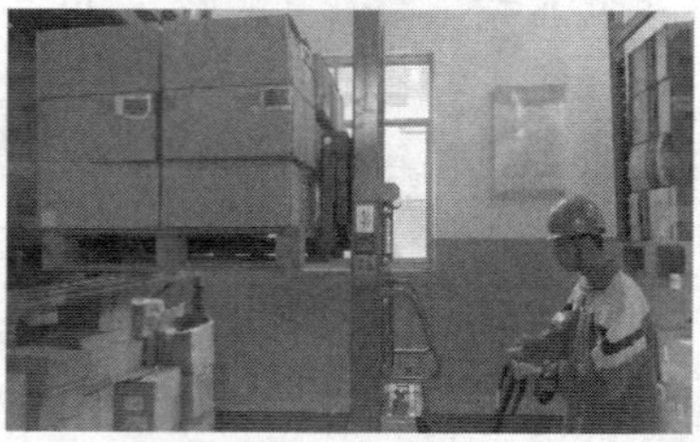	将货叉上升至可离开货架的高度时，停止上升操作
7		出库下架，降货叉
8		到货架处，操作 RF 手持终端扫描货位条码，确定货物出库
9		用堆高车将托盘货物拉至交接区

（续）

序　号	步骤图示	步骤说明
10		制动，降货叉，将堆高车拉离托盘
11		将堆高车设备归位

步骤三：整箱出库搬运作业。

各小组成员在完成步骤二之后，开始进行整箱出库搬运作业的操作。以小组为单位，各组组员按照操作步骤（见表 4-21），依次进行操作训练，教师评价操作的规范性和准确性。

表 4-21　整箱出库搬运作业步骤参考

序　号	步骤图示	步骤说明
1		取设备（液压车或叉车），将设备插入货物托盘
2		利用 RF 手持终端对货物上的标签进行扫描，获取搬运货物的相关信息
3		将手动液压车叉入托盘，手动升叉脚，准备搬运

（续）

序　号	步 骤 图 示	步 骤 说 明
4		拉动手动液压车进行搬运作业。注意搬运过程中托盘货物的平稳
5		将货物拉至发货理货区，注意规范放置
6		将手动液压车脱离托盘，将液压车设备归位

步骤四：进行出库单的交接操作。

各小组成员在完成整箱出库搬运作业后，进行出库单的交接。小组成员间轮流扮演各角色，按照操作步骤（见表 4-22）进行出库单交接作业，教师评价操作的规范性和准确性。

表 4-22　出库单交接操作步骤参考

<table>
<tr><th>序　号</th><th>步 骤 图 示</th><th>步 骤 说 明</th></tr>
<tr><td>1</td><td>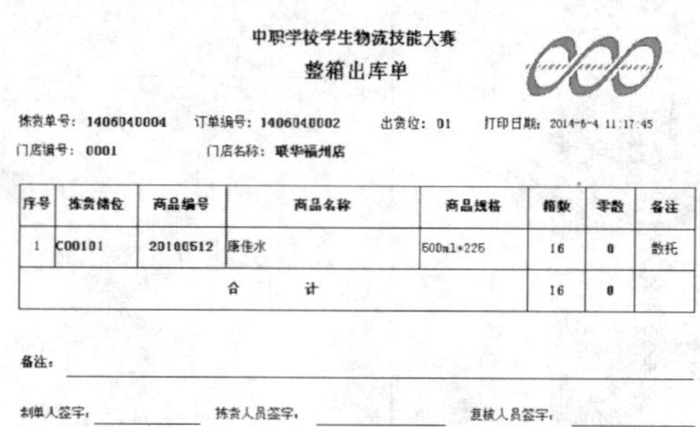

中职学校学生物流技能大赛

整箱出库单

拣货单号：1406040004　订单编号：1406040002　出货位：01　打印日期：2014-6-4 11:17:45

门店编号：0001　门店名称：联华福州店

序号	拣货储位	商品编号	商品名称	商品规格	箱数	零散	备注
1	C00101	20100512	康佳水	500ml*225	16	0	散托
合　计					16	0	

备注：

制单人签字：　拣货人员签字：　复核人员签字：</td><td>核对整箱出库单上的信息与所取货物是否一致</td></tr>
</table>

（续）

序　号	步骤图示	步骤说明
2	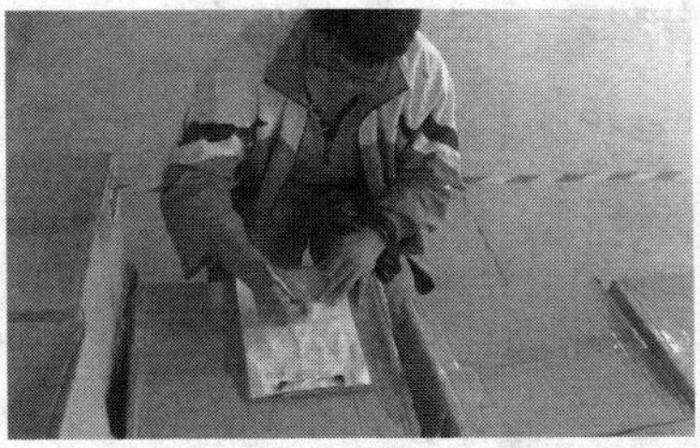	如果数量相符，则操作人员在出库单上相应位置签字确认
3		将出库单交给下一流程操作人员，完成出库单的交接作业

步骤五：各组组长对本组成员进行评分，每组派 1 名代表为其他组评分。

组长根据小组成员的团队合作和任务完成情况进行评分；各组评分代表进行评分，评分代表所评的平均分为该组得分。评分代表不得对本组发言进行评分。

步骤六：教师点评，评定各组等级。

科任教师对各组进行点评，给出各组评分。

任务三　零散出库作业

任务描述

各组讨论，参照操作步骤，完成零散货物出库作业的操作。

任务准备

零散出库就是根据客户的需求，多品种小批量地出库的作业过程。它包括小件分拣出库和电子辅助分拣出库，是拣货打包作业的延续。即将货物进行拣货打包后贴上客户标签，并用手推车等搬运工具将贴好标签的货物运送到发货理货区。

➲小知识

为了更好地满足零散货物快运市场的需求，发挥铁路运输优势，降低社会物流成本，中国铁路总公司从 2014 年 9 月起在全国铁路开办了货物快运业务，零散货物快运量不断攀升，日发送货物 1 万 t 迅速上升到 7 万 t，累计发送 434 万 t，呈现出良好的发展态势，受到企业、货主的欢迎与好评。

任务实施

步骤一：将全班同学按 4～6 人一组，分成若干组，自选组长。

根据全班同学的情况进行分组，由各组自选组长，并报科任教师。由组长对本组成员进行分工，并组织本组同学完成步骤二～四，科任教师在旁边进行辅导。

步骤二：零散出库作业。

各组同学经过讨论，参照表 4-23 完成零散出库作业。

表 4-23 零散出库作业

序号	步骤图示	步骤说明
1	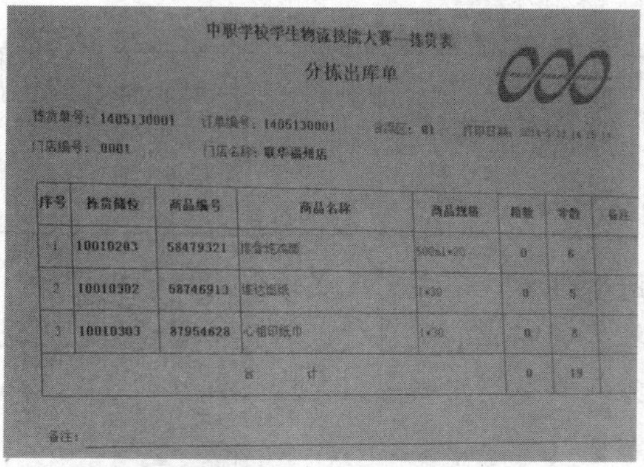	根据发货通知或提货单等相关单据，制作出库单
2	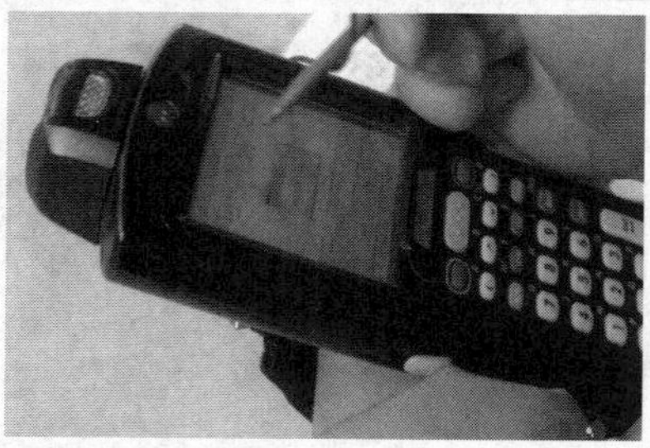	仓管员根据出库单用RF手持终端下载出库任务，准备工具、物流箱、纸箱等
3		到分拣区取零散货物，按客户需求进行拣选
4		将物流箱中的货物放入准备好的空纸箱内，分类装箱，轻拿轻放

中职学校学生物流技能大赛—拣货表

分拣出库单

拣货单号：1405130001 订单编号：1405130001

门店编号：0001

序号	拣货储位	商品编号	商品名称	商品规格	箱数	零数	备注
1	10010203	58479321	[illegible]	500ml×20	0	6	
2	10010302	58746913	[illegible]	1×30	0	5	
3	10010303	87954628	心相印纸巾	1×30	0	8	
合计					0	19	

备注：

（续）

序　　号	步骤图示	步骤说明
5		再次确认数量，封箱，打包，贴上客户标签
6		全部分拣完成后，使用手推车将货箱依次送至发货理货区
7	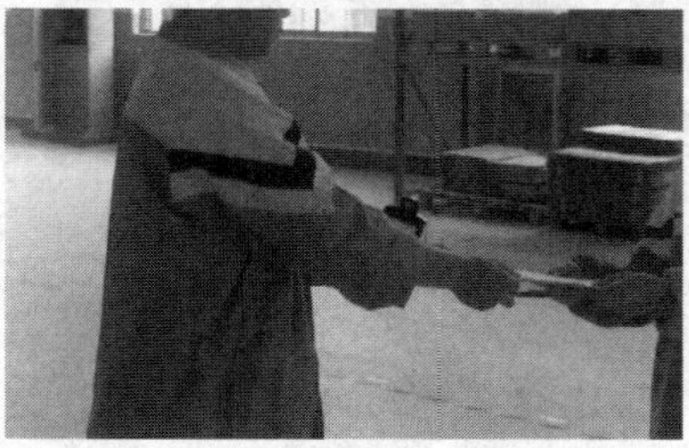	与取货人员交接

步骤三：各组组长对本组成员进行评分，每组派 1 名代表为其他组评分。

组长根据小组成员的团队合作和任务完成情况进行评分；各组评分代表进行评分，评分代表所评的平均分为该组得分。评分代表不得对本组发言进行评分。

步骤四：教师点评，评定各组等级。

科任教师对各组进行点评，给出各组评分。

项目评价

小组名称		成员名字				
考评标准	考评项目	分值/分	组内评分	他组评分	教师评分	实际得分
	根据出库要求，制作出库单	20				
	整箱出库作业操作	20				
	零散出库作业操作	20				
	返库与设备归位	10				
	语言表达	15				
	团队合作	15				
合　　计		100				

注：实际得分=组内评分×30%+他组评分×30%+教师评分×40%。

巩固提高

一、判断题

1．货物出库要求做到“三不，三核，五检查”。（　　）

2．出库作业操作是指仓库部门根据销售部门或存货单位开具的出库凭证，按商品的名称、编号、规格、数量、重量等内容组织商品出库的一系列工作的总称。（　　）

二、单项选择题

1．一般，出库作业要用到的工具不包括（　　）。

A．托盘　　B．垫仓板　　C．液压车　　D．叉车

2．“先进先出”是指（　　）。

A．先入库的商品先出库　　B．后入库的商品先出库

C．积压的商品先出库　　D．在仓库入口处的商品先出库

三、多项选择题

1．以下属于商品出库的相关单据的是（　　）。

A．提货单　　B．出库单　　C．仓库放行单　　D．门卫放行登记表

2．货物出库的方式有（　　）。

A．送货　　B．自提　　C．过户　　D．取样　　E．转仓

3．出库前要进行全面的复核，复核的项目一般包括（　　）。

A．品名、数量、重量、规格是否与出库单一致

B．货物的外观质量、包装、标记标志是否完好

C．卖方资质、信誉等是否达标

D．相关单据证件是否齐全等

四、简答题

1．简述出库作业的流程。

2．什么是零散出库？

3．什么是返品作业？返品作业通常包括哪些环节？

知识能力提升

返品作业

返品作业是货物出库的后续工作，是对客户的拒收、退货进行回收处理的作业。在物流作业过程中，返品作业的增加会大大增加物流成本，减少利润，因此应提高对返品作业的重视。

1．返品作业原因

一般，产生返品作业的原因主要有以下几点：

（1）货物搬运过程中的机械损伤和人为损害。

（2）配送过程中的误差，如订单信息错误、拣货错误、条码错误、配载错误等原因造成的退货。

（3）瑕疵品、过期品等货物本身的质量原因退货。

2．返品作业流程

返品货物的产生有时不可避免，如何快速有效地进行返品作业是物流过程中需要考虑的问题。返品作业的流程通常包括五个环节：

（1）返品验收。

（2）返品整理。

（3）不良品拒收。

（4）良品入库。

（5）不良品退货。

3．返品作业注意事项

在返品作业过程中要注意以下事项：

（1）返品到库。返库时按货物的归属区分类放置，不良品应放在规定区域。整齐堆垛，标志朝外。

（2）返品对点。提高退货验收环节，货物数量当面清点，制定相关标准，加强对返品的甄别，同时注意单据的保存留档。

（3）做好客服工作，防止客户满意度的降低。对于退货，应在验收入库后立即补送新货。

（4）做好相关返品记录工作，分析原因，作为日后改进参考。

返品物流管理即人们通常所说的逆向物流环节，它的存在势必给企业带来成本、时间、精力上的压力。如何降低返品比例、提高返品处理效率，是返品作业的关键点，也是逆向物流需要解决的问题。目前，国外很多大型连锁零售商按照集约化和专业化的原则，分区建立返品中心，以集中处理返品业务。如沃尔玛公司就设立了 10 个返品中心，凯玛特公司建立了 4 个返品中心，Universal 公司拥有两家返品中心，其他如宜家等较大的连锁零售商都纷纷建立自己的返品中心，专门用来处理返品作业。

职业素养提升

小丁是某物流专业毕业的学生，毕业后在某公司从事仓库管理工作，主要负责货物出库作业环节。刚工作时，小丁对工作还比较有热情，干劲十足，做事比较认真，他希望能把自己所学运用到工作上，可是一段时间之后，小丁发现理论和实际相差太远，愿望和现实相差太多。想到辛苦的工作、低廉的工资、渺茫的前景，小丁一下子没了士气，在工作中由于不满上司的做法甚至对工作有了不好的情绪，工作偷懒，出库工作不仔细认真，好几次都差点给企业造成损失。单位领导多次跟小丁谈话未果，在一次重大失误后被公司辞退。

请问：在出库作业的日常工作中，员工可能会出现哪些违反职业素养的行为？他们这样做会带来哪些影响？

项目四　配 载 作 业

项目描述

在上一项目中，佳通物流公司1号仓库的仓管员小明根据客户的要求完成了出库单的制作和出库作业操作。

接下来是配载作业环节，在这一环节中，最重要的是熟悉并掌握配载的作业流程。仓管员小明要完成配载作业项目，首先，要了解配送车辆的种类；其次，要掌握车辆配载的原则以及配载时的注意事项；最后，在掌握配载作业流程的基础上完成配载操作。

此项目包含一个任务：配载作业。

项目目标

1. 知识目标

（1）了解配送车辆的种类。

（2）掌握车辆配载的原则。

（3）掌握配载时应注意的事项。

（4）了解各种包装储运标志及其粘贴位置。

2. 技能目标

（1）选择合适的配送车辆。

（2）掌握配载作业的流程。

3. 职业素养

配载作业所需的职业素养。

任务　完成配载作业

任务描述

1. 熟悉各种配送车辆的种类，各组成员以小组为单位进行情景模拟，选择合适的配载车辆进行配载作业。

2. 各组成员在了解配载作业原则和注意事项的基础上，根据配载作业流程完成配载作业的操作。

任务准备

一、配送车辆的种类

车辆种类通常以车辆的一般特征、使用目的及功能等因素加以区分。配送车辆是指用来从事配送业务的车辆类型，主要有以下几种：

（1）普通货车：尾部为栏板，不带有任何自动倾斜装置的普通载货汽车，如图 4-38 所示。

（2）厢式货车：货车厢体为封闭式结构，驾驶室与厢体各自独立的载货汽车，如图 4-39 所示。

图 4-38　普通货车

图 4-39　厢式货车

（3）封闭货车：货车厢体为封闭式结构，驾驶室与厢体连成一体的载货汽车，如图 4-40 所示。

（4）罐式货车：载货部位为封闭式结构的罐体载货汽车，如图 4-41 所示。

图 4-40　封闭货车

图 4-41　罐式货车

（5）平板货车：载货部位地板为平板结构且无栏板的载货汽车，如图 4-42 所示。

（6）集装箱货车：载货部位为框架结构且无地板，专门从事集装箱运输的载货汽车，如图 4-43 所示。

图 4-42　平板货车

图 4-43　集装箱货车

（7）自卸货车：载货部位具有自动倾卸装置的载货汽车，如图 4-44 所示。

（8）特殊结构货车：专门从事特定物品运输的载货汽车，如运输小轿车的双层结构载货汽车（见图 4-45）、运输活禽畜的多层结构载货汽车等。

图 4-44　自卸货车

图 4-45　特殊结构货车

➲小知识

目前，在进行配载作业时，相关的工作人员大都是“凭感觉”和“凭经验”，基本上没有系统的理论知识和规划方案，因此，配装方面的专业人才将会是物流运输环节的稀缺人才，学习物流专业的学生可以依据就业趋势着重培养自己的专业素养。

二、车辆配载的原则

在明确了客户要求，确保货物数量、重量与质量准确完好的前提下，应尽可能地提高车辆的装载率和利用率，提高配送效率，降低配送成本，减少货损货差，因此，车辆配载应尽量遵循以下原则：

（1）满载原则。根据运输工具的内径尺寸以及所运输货物的尺寸和重量，计算最大的容积和单位载货量，绝不允许超过车辆所允许的最大容积量和最大载重量。

（2）有序原则。先送的货物要后装，后送的货物要先装。确定合理的堆码层次与方法，做到重不压轻，大不压小，好不压坏。

（3）同一原则。根据货物的性质进行搭配，同一性质的货物应放在一起同车装运，防止货物间的感染、串味等相互污染的情况发生。

（4）先特殊后一般原则。具有特殊要求或价值较高的货物先装车，若有剩余空间再考虑是否可以装运一般的无特殊要求的普通货物。

（5）稳定性原则。注意运输工具的承重位置，车厢内货物应均匀分布，大件货物尽量放置于车门口处，做到左右对称，前后均匀。

（6）利润最大原则。到达同一地点的货物，尽可能同车一次装载，提高单位面积货物运输的最大利润。

三、配载时应注意的事项

（1）配载前，必须检查车内状况。主要检查项目如下：

1）车门、车厢是否完好、无破损。

2）车内是否清洁，有无异物或异味。

3）车辆内各部件是否影响装运。

4）车辆检修是否过期。

如检查项目均无问题，即可进行车辆配载作业。如存在问题，可以改进的当场改进，不可以改进的必须更换运输工具后再进行配载操作。

（2）核对相关配载资料，确认所装货物是否正确无误。需要确认的信息主要包括送货单位、仓位、件数、件重、规格、包装、唛头等。

（3）轻拿轻放，在装载高附加值及怕压、易碎、易变形的产品时应采取保护措施。

（4）码放整齐，标签朝外，如有指示性标志的要注意货物的摆放要求。

（5）做好装车后的捆扎和防护工作。为防止货物之间碰撞、相互玷污，可用冲气囊或木架等防护装置以及纸板等隔离工具保护好货物。

（6）现场监装，填好相关表格，做好记录工作。

（7）配载工作完成后，设备归位，做好配载现场及库位的清洁工作。

（8）注意现场操作人员的安全。

➲小知识

中国第一配载网

中国第一配载网是中外运高新物流（苏州）有限公司专门为解决公路运输、公路配货开发的免费物流信息配货网站。

中国第一配载网是一个免费物流信息配货平台，是物流公司、货车驾驶人、发货商的聚集地，精选全国优质物流商为货主服务，为货主提供免费的配货信息，让货主发货省时、省钱、更省心。同时，中国第一配载网也为广大物流公司、驾驶人提供专线推广、货源、车源、专线、免费物流软件等物流信息服务，并且有专门针对驾驶人开发的免费手机配货软件，下载安装后完成注册便可直接发布路线信息或查询货源信息。

中国第一配载网定位于国内技术先进、服务专业、促进物流行业现代化与信息化发展的公路物流行业垂直类 B2B 网站。

任务实施

步骤一：将全班同学按 4～6 人一组，分成若干组，自选组长。

根据全班同学的情况进行分组，由各组自选组长，并报科任教师。由组长对本组成员进行分工，并组织本组同学完成步骤二～五，科任教师在旁边进行辅导。

步骤二：选择合适的配送车辆。

各小组分别根据配载任务进行讨论，选择适合本次运输的配送车辆，填写“配送车辆选择表”（见表 4-24），写明车辆的种类、作用及选择的缘由并进行解说。各组互相点评，确定最终所选运输工具类型，教师做最后点评分析。

表 4-24　配送车辆选择表

班　级			组　别		
姓　名		学　号		日　期	
车辆种类			车辆作用		
选择原因					

步骤三：进行配载作业的流程操作。

各小组同学按照操作步骤（见表 4-25），依次进行配载作业操作，反复练习，任课教师评价完成的准确性和效率。

表 4-25　配载作业流程步骤参考

序　号	步 骤 图 示	步 骤 说 明
1		根据“出库单”到货物周转区，找到需要配载货物所在的仓位
2	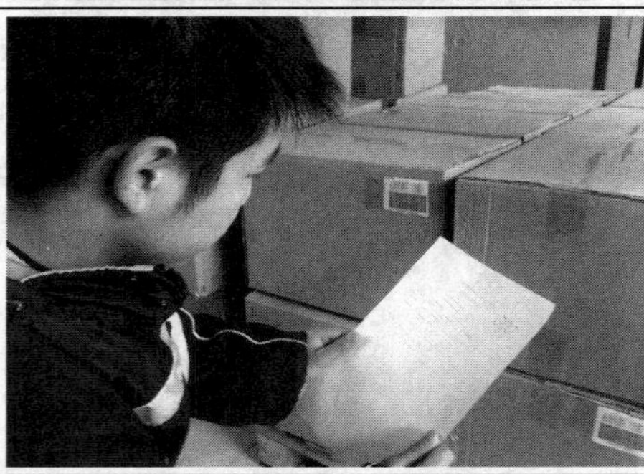	完成货物的复核工作，核对货物的数量、包装、唛头及相关标签标志等
3		利用手动液压车或叉车，把陈列于托盘上的货物叉送至出货月台或车辆停靠的货棚下

（续）

序　　号	步骤图示	步骤说明
4	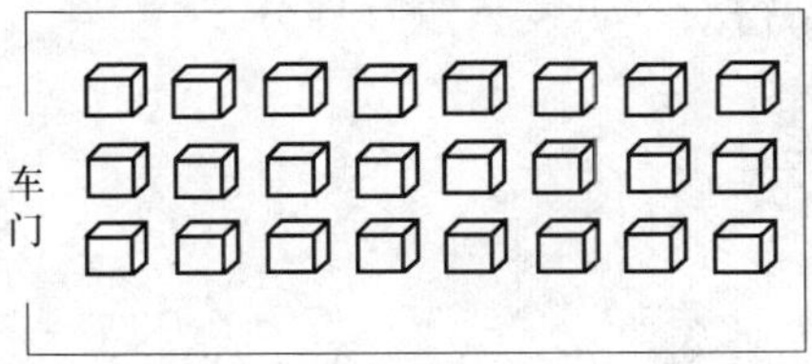 配载图	根据订单的实际情况，简略地画出配载图
5		根据配载图进行货物的装载工作
6		做好相应的货物防护措施，关闭车门
7		填写完整相应的配载单据，与运输人员进行单据的交接
8		清洁配载现场，进行设备归位

步骤四：各组组长对本组成员进行评分，每组派 1 名代表为其他组评分。

组长根据小组成员的团队合作和任务完成情况进行评分；各组评分代表进行评分，评分代表所评的平均分为该组得分。评分代表不得对本组发言进行评分。

步骤五：教师点评，评定各组等级。

科任教师对各组进行点评，给出各组评分。

项目评价

小组名称		成员名字				
考评标准	考评项目	分值/分	组内评分	他组评分	教师评分	实际得分
	解说配送车辆的种类	15				
	解说车辆配载的原则	15				
	解说配载时应注意的事项	15				
	配载作业的操作	25				
	语言表达	15				
	团队合作	15				
合计		100				

注：实际得分=组内评分×30%+他组评分×30%+教师评分×40%。

巩固提高

一、判断题

1．载货部位地板为平板结构且无栏板的载货汽车叫作平板货车。（　　）

2．先送的货物要先装，后送的货物要后装。（　　）

3．注意运输工具的称重位置，车厢内货物的重量应均匀分布，大件货物应该尽量放置于箱子的最里面。（　　）

4．到达同一地点的货物，应尽可能同车一次装载，提高单位运输货物的最大利润。（　　）

二、单项选择题

1．配载以（　　）为出发点。

A．自身的需要　　B．市场规模

C．用户要求　　D．产品特点

2．合理配载是提高运输工具（　　）的一种有效形式。

A．装卸效率　　B．运输效率　　C．装载率　　D．实载率

3．各种包装件上标志的粘贴位置各不相同，以下大致可粘贴的位置正确的是（　　）。

A．箱类包装：位于包装的正面或侧面

B．袋类包装：位于桶身或桶盖上

C．桶类包装：位于四个侧面

D．集装单元货物：位于包装明显处

4．下列标志代表的意思正确的是（　　）。

A. 

由此夹起

B. 

禁止翻滚

C. 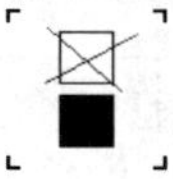

禁止堆码

D. 

此面禁用手推车

三、多项选择题

1．配载前，必须检查车内状况。主要检查的项目有（　　）。

A．车厢门及或货厢体是否完好、无破损

B．车内是否清洁，有无异物或异味

C．车辆内各部件是否适合装运要求

D．车辆检修是否过期

2．配载前，必须核对确认配载相关资料，确认所装货物是否正确无误。需要确认的信息主要包括（　　）。

A．送货单位　　B．仓位

C．件数、件重和规格　　D．包装

3．车辆配载应遵循（　　）原则。

A．满载原则　　B．先一般后特殊原则

C．有序原则　　D．稳定性原则

知识能力提升

包装储运标志

一、各种包装储运标志

包装储运标志（见表4-26）是根据产品的某些特性（如怕湿、怕震、怕热、怕冻等）而确定的。其目的是在货物运输、装卸和储存过程中引起作业人员的注意，使他们按标志的要求进行操作。

表4-26　包装储运标志

标志名称	标志图形	含　义	标志名称	标志图形	含　义
易碎物品		运输包装件内装易碎品，因此搬运时应小心轻放	此面禁用手推车		搬运货物时此面禁用手推车
禁用手钩		搬运运输包装件时禁用手钩	禁用叉车		不能用升降叉车搬运的包装件
向上		表明运输包装件的正确位置是竖直向上	由此夹起	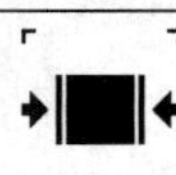	表明装运货物时夹钳放置的位置

（续）

标志名称	标志图形	含　义	标志名称	标志图形	含　义
怕晒	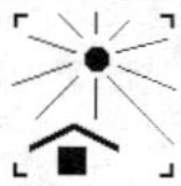	表明运输包装件不能直接照晒	此处不能卡夹		表明装卸货物时此处不能用夹钳夹持
怕辐射		包装物品一旦受辐射便会完全变质或损坏	堆码重量极限		表明该运输包装件所能承受的最大重量极限
怕雨		包装件怕雨淋	堆码层数极限	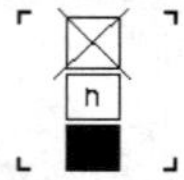	相同包装的最大堆码层数，*n* 表示层数极限
重心		表明一个单元货物的重心	禁止堆码		该包装件不能堆码并且其上也不能放置其他负载
禁止翻滚		不能翻滚运输包装	由此吊起	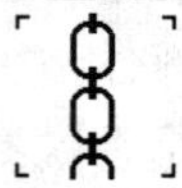	起吊货物时挂链条的位置
温度极限		表明运输包装件应该保持的温度极限			

二、粘贴标志的位置

各种包装件上标志的粘贴位置各不相同，大致可粘贴的位置如下：

（1）箱类包装：位于包装的正面或侧面。

（2）袋类包装：位于包装明显处。

（3）桶类包装：位于桶身或桶盖上。

（4）集装单元货物：位于四个侧面。

职业素养提升

小李和小张是某中职学校物流专业的同班同学，毕业后小张去了 A 公司当仓管员，小李去了 B 公司当仓管员。一次 A 公司和 B 公司的业务往来中，两人取得了联系。A 公司丁领导做事很认真负责，经常批评粗心的小张，并在最近告诫他如果再不认真做事就辞退他，为此小张耿耿于怀。这次在由丁领导负责的和 B 公司的业务中，小张决定实施“报复”。当得知 B 公司的仓库负责人是老同学小李时，更加坚定了他在货物中做手脚的念头。他把想法和缘由告诉了小李，希望昔日的“好兄弟”帮他出口气。

（1）如果你是小李，你会怎么做？

（2）如果你是丁领导，在得知你的下属要“报复”你时，你会怎么处理？

模块五

仓储综合作业

项目一　出入库作业

项目描述

经过一段时间的学习，仓管员小明、信息员小李、操作员小白已经对仓储出入库作业的整体流程有了一定的了解，并且分阶段地学习了各项操作，也熟悉了设备和各环节的子流程。本项目要求仓管员小明、信息员小李、操作员小白根据自己的角色合作完成出入库综合作业。

要想完成本项目，需要通过以下几方面的学习。首先，回顾前面所学习的仓储作业流程，梳理出入库作业过程中信息单据的流转；然后，结合各阶段的操作，将各阶段进行衔接，完成入库作业、在库作业和出库作业。

此项目包含两个任务：梳理仓储单据的流转；出入库综合作业。

项目目标

1. 知识目标

（1）回顾整体出入库作业流程。

（2）了解出入库作业过程中单据的流转。

2. 技能目标

（1）掌握出入库作业各环节的衔接。

（2）分角色完成出入库作业。

3. 职业素养

（1）出入库综合作业的职业素养。

（2）操作各仓储设备工具的安全注意事项。

任务一　梳理仓储单据的流转

任务描述

1. 各组讨论，并派代表对仓储作业各阶段需要哪些单证进行简短的解说。
2. 各组讨论，并绘制仓储作业中单据的流转图，然后向大家展示。

任务准备

一、仓储作业中的单证

在仓储作业过程中，信息流非常重要，可以说，整个出入库作业都是由信息来引导的，它是操作的“指挥者”。承载信息的载体是纸质单证，基本上，每一项活动都伴有特定的纸质单证，它是现场作业调度和交接的凭证。

在入库或出库作业中，纸质单证打印出来之前只允许进行取空托盘、堆高车、手动搬运车，戴安全帽，加工纸箱等准备工作，不能有其他任何与具体订单相关的现场作业（如检查入库货品）。当然，在作业中也涉及部分无纸化信息传递，如补货作业、流通加工作业、盘点作业无纸质单据，直接由手持终端 RF 下达作业指令。

二、仓储单证的流转

不同企业的仓储单证的流转不尽相同，但主要的单证流转包括以下几类：

1. 入库作业仓储单证的流转

（1）物流企业接收来自客户的送货通知单，据此编制入库计划，形成入库通知单。

（2）物流企业接收来自客户代表或送货员的送货单，预检送货单与入库通知单是否一致，编制入库验收单。

（3）验收员从信息员处接收入库验收单，验收商品后备注签字，并邀请送货员或客户代表签字，一联交送货员，一联交信息员反馈，一联交财务。若验收中发现异常，验收员须填制货物异常报告。

（4）信息员根据入库单编制储位分配单，若采用 RF，可不编制储位分配单。仓管员根据储位分配单，入库上架，根据实际情况填写储位分配单，一联留存，一联交信息员。

2. 出库作业仓储单证的流转

（1）物流企业接收来自客户的出库通知单，并据此制订出库作业计划。

（2）物流企业在提货日期到来前编制出库单（包括分拣出库单和整箱出库单），交仓管员。

（3）仓管员根据出库单拣货，并在出库单上签字。

（4）邀请提货人员或客户代表签字。出库单一联交客户代表，一联交信息员，一联交信息员，一联交财务。

3. 在库作业仓储单证的流转

（1）若出库时发现拣选区货品数量不足，则信息员根据库存编制补货单，若采用 RF，可以不编制补货单。仓管员根据补货单，从保管区取货，拆零后放在分拣区指定的储位。

（2）若出库通知单上有要求组合出库，则信息员编制流通加工单，若采用 RF，可以不编制流通加工单。仓管员根据流通加工单取货，完成流通加工作业。

（3）根据物流企业的要求，定期进行盘点作业。信息员根据盘点要求编制盘点单（若采用 RF，可以不编制盘点单）交仓管员，仓管员根据盘点结果填写盘点单，一联留存，一联交信息员。信息员根据盘点反馈信息制作盘点结果表。

任务实施

步骤一：将全班同学按 4～6 人一组，分成若干组，自选组长。

根据全班同学的情况进行分组，由各组自选组长，并报科任教师。由组长对本组成员进行分工，并组织本组同学完成步骤二～五，科任教师在旁边进行辅导。

步骤二：解说仓储作业各阶段需要哪些单证。

各组讨论完成表 5-1 的填写，利用投影仪展示，对仓储作业各阶段需要哪些单证进行简短的解说。

表 5-1　仓储作业各阶段的单证

序　　号	阶　　段	所需要的单证
1	入库阶段	
2	出库阶段	
3	在库阶段	

步骤三：绘制仓储作业中单据的流转图。

各小组讨论后，绘制仓储作业中单据的流转图，并向大家展示。

步骤四：各组组长对本组成员进行评分，每组派 1 名代表为其他组评分。

组长根据小组成员的团队合作和任务完成情况进行评分；各组评分代表进行评分，评分代表所评的平均分为该组得分。

步骤五：教师点评，评定各组等级。

科任教师对各组进行点评，给出各组评分。

任务二　出入库综合作业

任务描述

1. 解说仓储作业各阶段需要哪些工具。
2. 完成出入库综合作业。

任务准备

一、回顾仓储作业流程

仓储作业基本上包括三个阶段：入库作业阶段、出库作业阶段、在库作业阶段。在库作业阶段的流通加工作业和补货作业都是为出库作业做准备的，它们与出库作业具有一定的连贯性，必须在出库之前完成。只有盘点作业是针对仓储管理的。仓储作业流程（2012 年全国中等职业学校仓储作业竞赛流程）如图 5-1 所示。

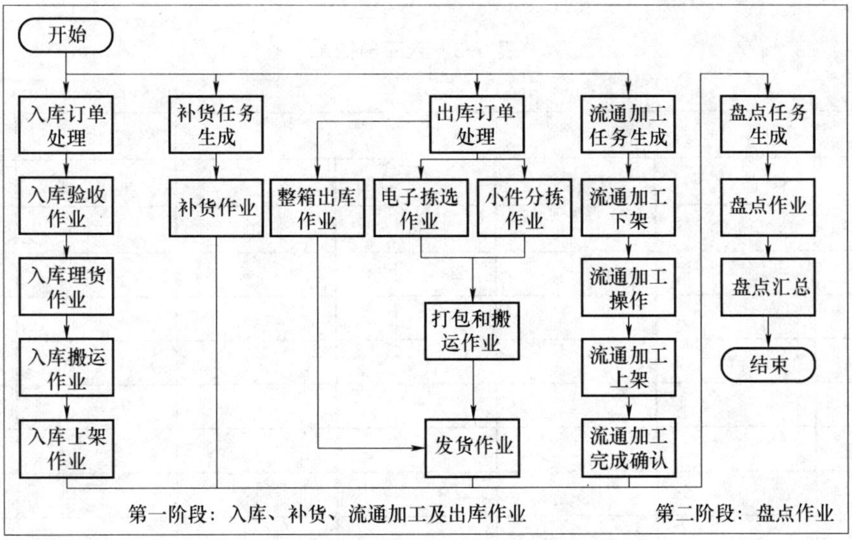

图 5-1　仓储作业流程

二、准备出入库作业工具

在出入库作业前，要先准备好工具。综合作业所需要的主要工具包括计算机（已安装好仓储管理系统）、打印机、条码打印机、托盘、托盘搬运车、堆高车、手推车、RF 手持终端和打包机等。

任务实施

步骤一：将全班同学按 4～6 人一组，分成若干组，自选组长。

根据全班同学的情况进行分组，由各组自选组长，并报科任教师。由组长对本组成员进行分工，并组织本组同学完成步骤二～五，科任教师在旁边进行辅导。

步骤二：分配作业工具。

各组讨论仓储作业各阶段工具、人员安排，完成表 5-2 的填写，完成各阶段与人员的工具分配。

表 5-2　仓储作业各阶段工具、人员的分配

序　号	阶　段	所需要的工具	操 作 人 员
1	入库阶段		
2	出库阶段		
3	在库阶段		

步骤三：出入库综合作业。

各小组讨论分工后，3 人一组进行出入库综合作业。按信息员、仓管员和操作员分配好角色。根据提供的通知单，按照操作步骤完成一次出入库综合作业，评价完成质量并测试速度。出入库作业通知单见表 5-3 和表 5-4（仅做参考），可以参照全国物流中心作业比赛方案（中职组）添加多个作业通知。

表 5-3 入库通知单

客户指令号：RK20120601

仓库	实训库房				客户名称	×××
货品条码	货 品 名 称	规 格	单 位	数 量	批 次	备 注
6923555218482	康师傅冰红茶		箱	40	201205	
合 计				40		

表 5-4 出库通知单

客户指令号：CK20120602

仓库	实训库房				收货人	物美超市
货品条码	货 品 名 称	规 格	单 位	数 量	备 注	
6922266438820	清风超质感卷筒纸		箱	20		
6922868289127	优选卷筒纸		卷	6		
6901236373958	维达卷筒纸		卷	6		
6922233611058	五月花卷筒纸		卷	2		
6930363000468	海得润滋饮用纯净水		瓶	10		
6923555218482	汇源纯净水		瓶	6		
6910183004297	冰露饮用矿物质水		瓶	1		
6902083881405	娃哈哈饮用纯净水		瓶	1		
6942417395437	康师傅天然水		瓶	2		

注意事项：在作业过程中注意操作安全和各个角色的配合，注意流程顺序及各环节的衔接。

步骤四：各组组长对本组成员进行评分，每组派 1 名代表为其他组评分。

组长根据小组成员的团队合作和任务完成情况进行评分；各组评分代表进行评分，评分代表所评的平均分为该组得分。评分要素见表 5-5。

表 5-5　评分要素

序　号	作业环节	说　明	分值/分	得　分
1	入库订单处理	仓库、客户名称、客户指令号、货品名称、批次、单位、计划数量不正确（按错误出现次数计数）	5	
2	入库作业	（1）未沟通：仓管员在单据交接中没有与送货人员进行语言沟通。只须进行简单的语言沟通，不需要将商品和错误等信息进行报告，有沟通意识即可（按订单计数） （2）将错误的订单联交给送货人员（按订单计数）	5	
3		拒收货品未整理：拒收的问题货物未能码放整齐	5	
4	入库验收	订单项目填写错误及遗漏，项目包括收货数量、备注、仓管员签字（按错误出现次数计数）	5	
5		没有找出的破损、污损、未封箱、错误货品以及把正常货品当错误货品拒收（按箱计数）	10	
6	码盘操作	码盘操作不规范（按出现情况，同一托盘货物同一种情况只计数一次），包括： （1）码盘方式选择不当（参考标准码垛图） （2）没有隔层交错堆码 （3）货物超出托盘边缘 （4）四面不能都看到纸箱条码标签和包装标志（同一面的条码标签和包装标志的数量比例不限）	10	
7		人工搬运时，一次搬运超过 1 个纸箱或者整列移动货物（按纸箱个数计数）	5	
8	流通加工作业	外包装破损（按包装套装数计算）	10	
9	出库订单处理	客户指令号、货品名称、收货人、单位、数量不正确（按错误出现次数计数）	5	
10	出库作业	（1）未沟通（按订单计数）：仓管员在单据交接中没有与接货人员进行语言沟通。不需要报告商品和打包等信息，有沟通意识即可（按订单计数） （2）交给接货人员的订单联给错（按订单计数）	5	
11	出库验收	订单项目填写错误及遗漏，项目包括发货数量、备注、仓管员签字（按错误出现次数计数）	5	
12	拣选操作	未规范灭灯：不用手掌或指肚，而是用其他方式（按发生次数计数）	5	
13	包装	打包操作不规范（按出现情况计数），包括： （1）未采用十字打带 （2）未用胶带封箱 （3）打包不居中 （4）包装箱出现凹凸情况 （5）不同类货品混装 （6）收货人标签没贴或贴错	5	
14	盘点	盘点后货品码放不规整（按货位计算次数）	10	
15		盘点结果与实际库存数量不符（按库存记录计算次数）	10	

步骤五：教师点评，评定各组等级。

科任教师对各组进行点评，给出各组评分。

项目评价

小组名称		成员名字				
考评标准	考评项目	分值/分	组内评分	他组评分	教师评分	实际得分
	解说仓储作业各阶段需要哪些单证	5				
	绘制仓储作业中单据的流转图	10				
	解说仓储作业各阶段需要哪些工具	5				
	完成出入库综合作业	50				
	语言表达	15				
	团队合作	15				
合　计		100				

注：实际得分=组内评分×30%+他组评分×30%+教师评分×40%。

巩固提高

一、判断题

1．根据货物安全管理要求，货品储存期间，要保持包装良好，垛位标志清晰。（　　）

2．根据货物安全管理要求，储存有保质期的货品应按规定确定储存时间实行先进先出的原则。（　　）

3．在进行入库或出库作业时，纸质单据在打印出来之前除了取空托盘、堆高车、手动搬运车，戴安全帽，加工纸箱等准备工作，还可以从事其他与具体订单相关的现场作业。（　　）

二、单选题

1．对于必须依靠人工搬运才能完成的工作，雇主应就该项工作的安全性进行充分评估，需要考虑的因素不包括（　　）。

A．任务　　B．搬运设备　　C．工作环境　　D．个人能力

2．在工作中易受伤害的人员不包括（　　）。

A．孩童　　B．孕妇

C．接触有毒物质的人员　　D．IT 工作男员工

3．仓储作业流程中只有（　　）是针对仓储管理的。

A．入库作业　　B．盘点作业　　C．出库作业　　D．在库作业

4．在仓储作业过程中，（　　）非常重要，整个出入库作业操作都是由它来引导的，是仓储作业的“指挥者”。

A．物流　　B．商流　　C．信息流　　D．资金流

三、多项选择题

1．码盘操作不规范的情况包括（　　）。

A．码盘方式选择不当
B．没有隔层交错堆码
C．货物超出托盘边缘
D．四面不能都看到纸箱条码标签和包装标志（同一面的条码标签和包装标志的数量比例不限）

2．打包操作中不规范的操作包括（　　）。

A．收货人标签没贴或贴错　　B．打包带居中放置
C．包装箱出现凹凸情况　　D．不同类货品混装

3．下列关于在库作业仓储单证的流转描述正确的是（　　）。

A．若出库通知单上要求组合出库，那么信息员编制流通加工单，若采用 RF,可以不用流通加工单
B．若出库时发现拣选区货品数量不足，则信息员根据库存编制补货单，若采用 RF，可以不用补货单
C．信息员根据盘点要求编制盘点单，若采用 RF，可以不用盘点单
D．仓管员根据补货单，从保管区取货，拆零后放在分拣区指定的储位

4．不同企业的仓储单证的流转并不完全一致，但主要的单证基本流转包括（　　）。

A．入库作业仓储单证的流转　　B．出库作业仓储单证的流转
C．在库作业仓储单证的流转　　D．返程作业仓储单证的流转

5．下列属于出库作业流程的是（　　）。

A．流通加工作业　　B．拣选作业
C．包装　　D．盘点

知识能力提升

2012 年全国现代物流中心作业团体赛方案（中职组）

比赛以生产性物流为基础进行设计，所有参赛选手必须参加物流基础理论知识考试（以下简称“理论知识考试”），比赛成绩由理论知识考试成绩和各赛项实操成绩两部分组成。

1．物流基础理论知识考试

参赛选手用计算机登录理论知识考试系统，按要求进行答题。物流运输作业团体赛参赛选手须选择货物运输方向进行答题，物流中心作业团体赛、叉车操作单项赛、物流单证单项赛参赛选手须选择仓储与配送方向进行答题。

物流基础理论知识考试参照国家物流师职业资格认证培训体系中物流员认证标准，考试内容包括仓储与配送、货物运输等物流基本概念、流程和方法等。

参考教材为物流师职业资格认证培训系列教材《仓储与配送实务》。

2．实操比赛

比赛由 3 名选手组成一个参赛队，根据现代物流中心作业过程中的入库、补货、流通加工、出库、盘点等工作流程，按要求分工协作完成比赛。每个参赛选手担任不同的工作岗位，具体包括信息员、仓管员、操作员三个工作岗位。

职业素养提升

小张是某企业仓库的仓管员。某日轮到小张值班，当天傍晚时接到主管电话说晚上 8 点会有一批物料到库，让小张安排搬运人员进行卸货，可是小张加班等到晚上 9 点仍没有看到到厂的货物，于是下班回家了。而货物在小张离开单位 5 分钟后到达企业，一直等到第二天上班时间才装卸，由于物料未及时入库，次日上午生产停滞，给企业带来了损失。

请问，如果你是小张，遇到上述情况，你会怎么做？

项目二　自动化仓储综合作业

项目描述

小明、小李和小白通过扮演仓管员、信息员、操作员等不同角色完成了仓储出入库的整个作业。随着信息技术的发展，在现代仓储物流企业里，新的自动化、智能化设备不断涌现出来，以辅助或者替代人工作业。在综合作业的最后，我们和小明、小李和小白他们一起体验下自动化仓储。

要完成自动化仓储综合作业，可以通过以下几个方面的学习。首先，认识下自动化立体仓库。然后，学习巷道式堆垛机的手动操作，并利用手动控制方式完成自动化立体仓库设备检测。最后，学习自动控制系统软件，利用自动控制系统控制巷道式堆垛机完成一次出入库作业。

此项目包含两个任务：自动化立体仓库操作准备；自动化立体仓库出入库操作。

项目目标

1. 知识目标

认识自动化立体仓库。

2. 技能目标

（1）掌握巷道式堆垛机的手动操作。

（2）掌握巷道式堆垛机的自动操作。

（3）掌握自动化立体仓库的出入库作业操作方法。

3. 职业素养

（1）自动化立体仓库出入库作业操作的职业素养。

（2）操作巷道式堆垛机的安全注意事项。

任务一　自动化立体仓库操作准备

任务描述

1. 各组讨论，并派代表对自动化立体仓库做简单的介绍。

2. 各小组派一名代表，按照操作步骤进行自动化立体仓库操作准备。

3. 各小组同学按照操作步骤，依次操作自动化立体仓库控制箱检测设备。

4. 各小组同学观看学习，教师按照操作步骤，操作巷道式堆垛机控制箱检测设备，完成后各组派代表阐述使用控制箱检测设备的操作步骤。

任务准备

一、自动化立体仓库概述

自动化立体仓库（Automated Storage and Retrieval System，AS/RS）又称立库、高层货架自动化仓库，是指用高层货架储存货物，以巷道堆垛起重机配合周围其他装卸搬运系统进行存取出入库作业，并由计算机全面管理和控制的一种自动化仓库。

自动化立体仓库是物流的重要组成部分，作为一种先进的仓储系统，使用高层货架存储物料，利用自动控制堆垛机进行存取作业和电子计算机管理，使仓库的功能从单纯的物料储存保管，发展到担负物料的接收、分类、计量、包装、分拣配送、存档等多种功能，实现了物流的大容量储存，适应了现代生产和商品流通的需要。

➲小知识

1959 年，美国开发了世界上第一个自动化立体仓库，并在 1963 年率先使用计算机进行自动化立体仓库的控制管理。紧接着，日本和德国相继开发了自动化立体仓库。到了 20 世纪 80 年代，世界各国都迅速发展自动化立体仓库，其应用范围遍布机械、冶金、化工、航空航天、电子、医药、食品加工、烟草、印刷、配送中心、机场、港口等各行各业。

二、自动化立体仓库的基本结构

自动化立体仓库是机械和电气、强电控制和弱电控制相结合的产品。它主要由货物储存设备、巷道式堆垛机、出入库输送设备、控制管理系统和配套设施系统组成，如图 5-2 所示。

图 5-2　自动化立体仓库

1. 货物储存设备

货物储存设备主要包括立体货架（见图 5-3）、托盘或货箱。立体货架机械结构可分为分离式、整体式两种，其高度分为高层货架（12m 以上）、中层货架（5～12m）、低层货架（5m 以下）。货架按照排、列、层来确定相应的储位。货架主要由立柱，横梁，安全销，出入库两端的钢结构，堆垛机运行的上、下导轨等组成。

2. 巷道式堆垛机

巷道式堆垛机是整个自动化立体仓库的核心设备，通过手动操作、半自动操作或全自动操作，把货物从一处搬运到另一处。巷道式堆垛机主要由上横梁、立柱、下横梁、载货台、货叉、提升装置、升降轨道、行走轮、控制柜及相关辅助设备等部分组成，如图 5-4 所示。

图 5-3　立体货架

图 5-4　巷道式堆垛机

3. 出入库输送设备

出入库输送设备主要包括传送带输送机（见图 5-5）、机动辊道（见图 5-6）、顶升机（见图 5-7）、链传动输送机（见图 5-8）或自动导引小车（AGV）等，主要将货物输送机送到堆垛机上下料位置和货物出入库位置。

图 5-5　传送带输送机

图 5-6　机动辊道

图 5-7　顶升机

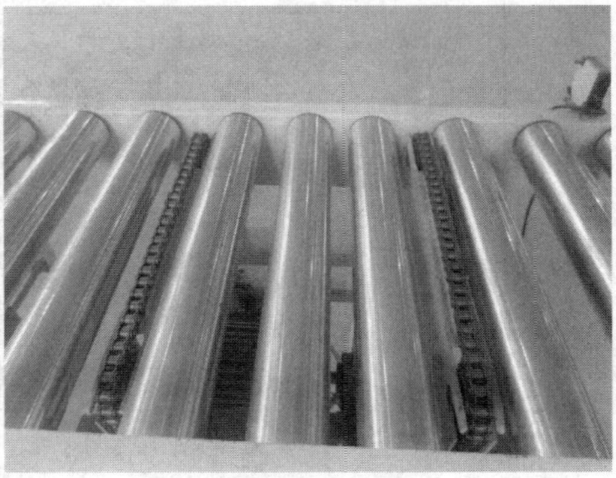

图 5-8　链传动输送机

4. 控制管理系统

控制管理系统由管理系统、监控系统和出入库系统组成，分别运行在服务器、管理监控计算机和出入库作业计算机上。各系统之间通过网络通信接口和数据库实现信息的传递。

管理系统的功能包括库存管理模块、货位管理模块、信息查询、统计报表、库存分析、故障处理等，能根据现场的实际情况合理地分配货位，如均匀存放、先进先出、按批发货等。

监控系统接受管理计算机或出入库作业计算机的指令，将任务分解后传达给下层设备，并实时监控反馈信息。其中，主要设备的运行位置、作业状态、运行故障等信息以动画的方式仿真显示。

出入库系统对出入库信息进行管理。功能包括订单输入、订单查询、货物入库操作、货物出库操作、条码扫描及货物信息录入等。

5. 配套设施系统

自动化立体仓库的配套设施系统指的是供电系统、空调系统、消防报警系统、称重计量系统和信息通信系统等。

任务实施

步骤一：将全班同学按 4～6 人一组，分成若干组，自选组长。

根据全班同学的情况进行分组，由各组自选组长，并报科任教师。由组长对本组成员进行分工，并组织本组同学完成步骤二～七，科任教师在旁边进行辅导。

步骤二：解说自动化立体仓库。

各组讨论，并派代表站在 1 号仓储的自动化立体仓库位置，对自动化立体仓库做简单的介绍，包括组成部件及其主要功能。

步骤三：自动化立体仓库操作准备。

各小组派一名代表，参照表 5-6 进行自动化立体仓库操作准备。

表 5-6 自动化立体仓库操作准备

序 号	步骤图示	步骤说明
1		开启总电源
2	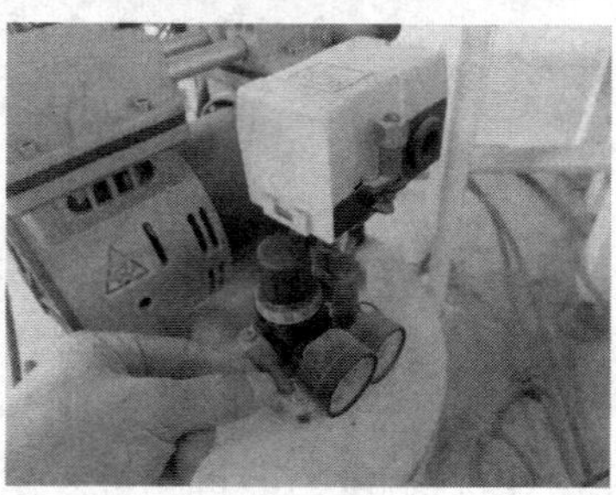	关闭气泵出气阀，开启气泵，注意观察气泵气压，不要离开或进行其他操作

（续）

序　　号	步 骤 图 示	步 骤 说 明
3		当气泵气压表显示刻度在“30Pa”左右时开启气泵出气阀，释放气压，气压将保持在 25Pa 左右
4		检查各气泵输出皮管，若存在漏气现象，应立刻停止操作进行检修，待正常后继续操作

注意事项：在整个操作准备工作中，教师须特别关注气泵的刻度，以防止气泵爆炸等危险的发生。

步骤四：操作自动化立体仓库控制箱检测设备。

各小组同学按照表 5-7，依次操作自动化立体仓库控制箱检测设备。

表 5-7　自动化立体仓库控制箱检测设备操作步骤

序　　号	步 骤 图 示	步 骤 说 明
1		打开控制箱门，开启电源，将自动化立体仓库控制模式切换到“手动”模式
2		旋转“顶升机”按钮，测试顶升机运行情况，完成后关闭
3		旋转“二维链”按钮，测试出入库动态链运行情况，完成后关闭

（续）

序　号	步骤图示	步骤说明
4		旋转“3 米底带机”按钮，测试动态链运行情况，完成后关闭
5		旋转“出库链”按钮，测试动力辊运行情况，完成后关闭

注意事项：操作巷道式堆垛机控制箱时，注意操作顺序和安全，教师时刻关注，防止意外发生。

步骤五：操作巷道式堆垛机控制箱检测设备。

教师按照表 5-8 操作巷道式堆垛机控制箱检测设备，各组同学在一旁观看。完成后，由各组派代表进行操作阐述。

表 5-8　巷道式堆垛机控制箱检测设备操作步骤

序　号	步骤图示	步骤说明
1		打开控制箱门，开启电源
2		将巷道式堆垛机控制模式切换到“手动”模式

（续）

序　号	步骤图示	步骤说明
3		依次按下“向前”“向后”“向上”“向下”按钮，测试运行情况

注意事项：本项目由教师进行演示，学生不得进行操作。操作巷道式堆垛机控制箱时，操作者须与堆垛保持一定的安全距离，教师时刻关注，防止意外发生。

步骤六：各组组长对本组成员进行评分，每组派 1 名代表为其他组评分。

组长根据小组成员任务完成情况进行评分；各组评分代表进行评分，评分代表所评的平均分为该组得分。评分代表不得对本组发言进行评分。

步骤七：教师点评，评定各组等级。

科任教师对各组进行点评，给出各组评分。

任务二　自动化立体仓库出入库操作

任务描述

1. 各小组讨论，并派一名代表按照操作步骤，使用自动化立体仓库控制软件完成入库操作。

2. 各小组讨论，并派一名代表按照操作步骤，使用自动化立体仓库控制软件完成出库操作。

任务准备

一、自动化立体仓库的工作原理

自动化立体仓库由管理控制系统根据货物出入库任务，向出入库输送设备或巷道堆垛机发出指令，将货物从站台或货架上通过巷道堆垛机和输送设备送入仓库或自仓库取出，自动完成货物的存取工作。

堆垛机采用 PLC 控制，负责处理用户界面、运动规划和通信，同时负责底层的逻辑控制和各种安全保护。堆垛机机载控制柜内包括变频器和空气开关等主要控制设备。堆垛机地面控制柜是主要的人机界面。堆垛机具有应急、手动、单机自动、联机自动功能。堆垛机与地面控制柜之间的通信采用有线或红外通信方式。

➲小知识

在自动化立体仓库中有两个重要功能构件，一个是“急停”按钮：紧急停止按钮，为出入库输送机处理紧急情况时所使用，一般在控制台上，如图 5-9 所示；另一个是“报警器”：在出入库输送机出现故障或“急停”按钮被按下后给予报警提示。

图 5-9 “急停”按钮

二、自动化立体仓库控制系统

自动化立体仓库控制系统是实现仓储自动化的主要的人机交互平台，操作者通过输入相关的入库、出库信息，使系统控制堆垛机设置的储位取放设定的货品，控制传送设备完成出入库操作。图 5-10 为上海齐鑫自动化设备有限公司的自动化立体仓库控制系统。控制器接口通过计算机机箱后面的 COM 端口与立体仓库控制器连接，传输信息指令。

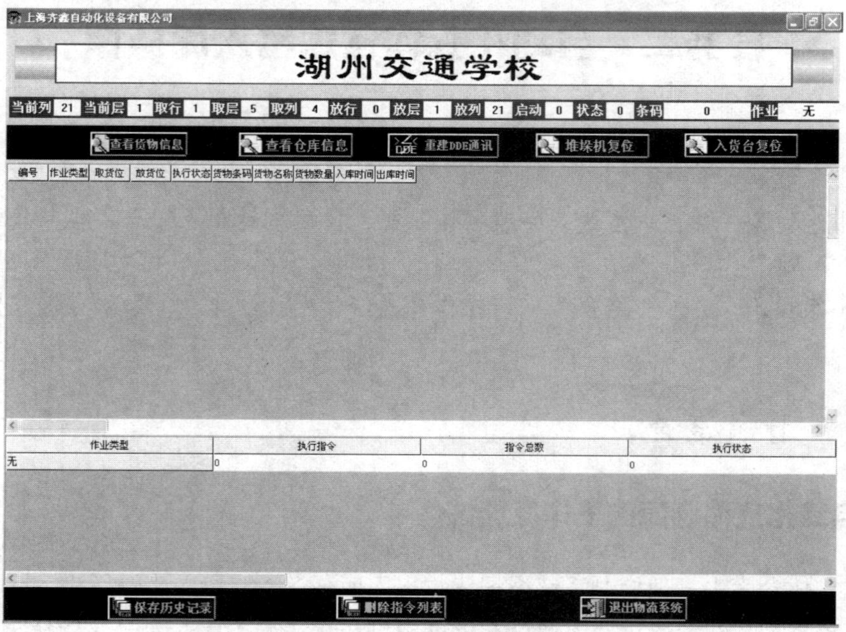

图 5-10 自动化立体仓库控制系统

三、操作自动化立体仓库的注意事项

在进行自动化立体仓库出入库操作时，要注意的事项包括以下几个方面：

（1）在使用自动化立体仓库前，须检查巷道内是否有异物，防止损坏堆垛机。

（2）使用自动化立体仓库时，巷道内不可站人，以免造成伤害。

（3）使用时不要打开堆垛机控制柜的柜门，以免触电。

（4）当堆垛机叉车载货升起时，人不要站在下面观望，以免造成伤害。

（5）不要随意变更传感器和行程开关的位置，以防止出现意外。

（6）工作结束后，一定要断开总电源开关，以防止出现意外。

任务实施

步骤一：将全班同学按 4～6 人一组，分成若干组，自选组长。

根据全班同学的情况进行分组，由各组自选组长，并报科任教师。由组长对本组成员进行分工，并组织本组同学完成步骤二～五，科任教师在旁边进行辅导。

步骤二：使用自动化立体仓库控制软件完成入库操作。

各小组讨论，并派一名代表按照表 5-9 中的步骤，使用自动化立体仓库控制软件完成入库操作。

表 5-9 入库操作参考步骤

序　号	步 骤 图 示	步 骤 说 明
1		打开 IE 浏览器，输入网址 http://192.168.1.118/EDU_3PL /login.aspx，用户名为 qhd，密码为 1
2	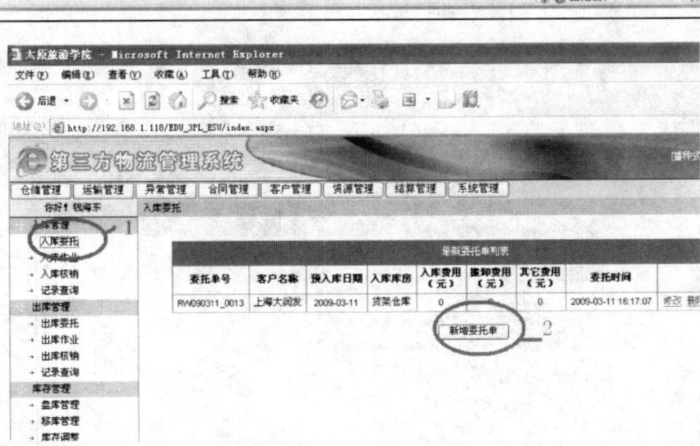	单击“仓储管理”进行入库委托；单击“新增委托单”进入委托界面

（续）

<table>
<tr><th>序　号</th><th>步 骤 图 示</th><th>步 骤 说 明</th></tr>
<tr><td>3</td><td>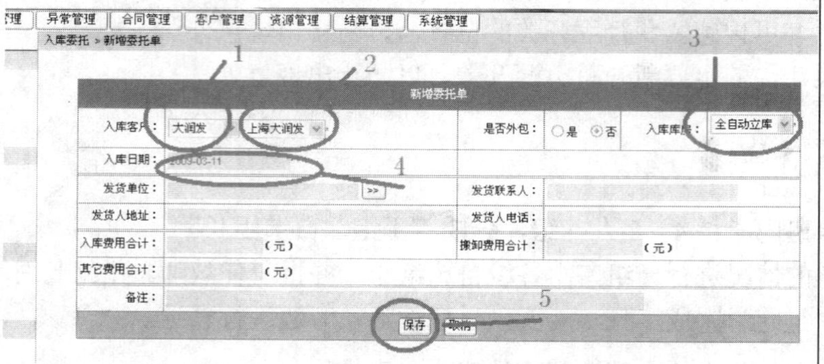
</td><td>按照顺序录入相应信息，单击“保存”</td></tr>
<tr><td>4</td><td>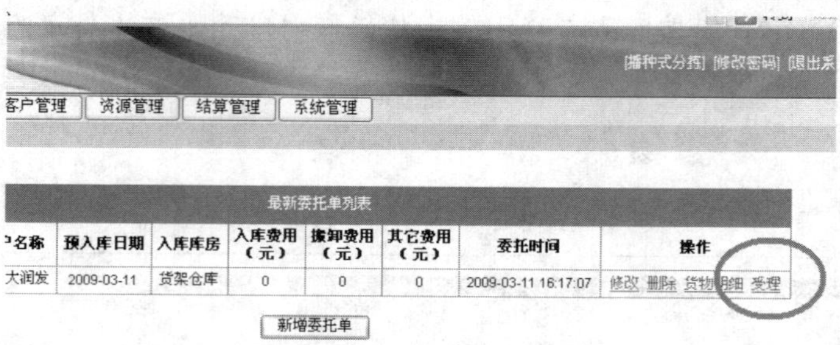
</td><td>受理委托单后进行入库作业</td></tr>
<tr><td>5</td><td>
</td><td>单击“入库作业”，单击“修改”对入库作业单进行修改</td></tr>
<tr><td>6</td><td>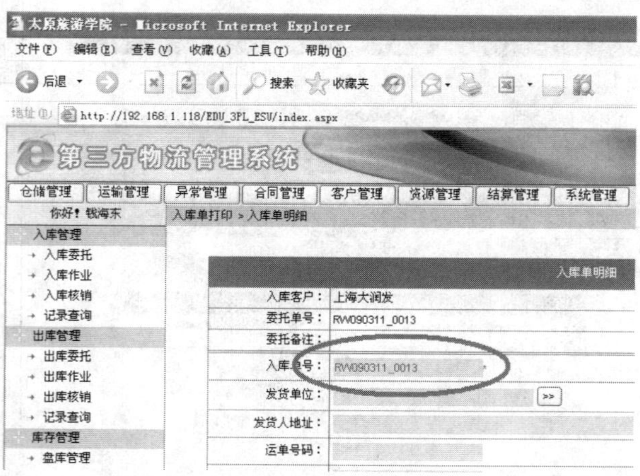
</td><td>填入单号等信息</td></tr>
</table>

（续）

序　号	步骤图示	步骤说明
7	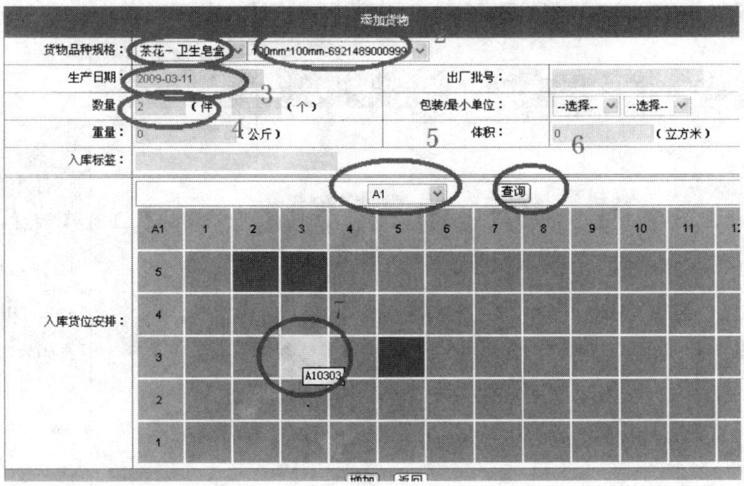	输入货物明细，包括货物名称、品种规格、生产日期、数量、重量、体积、入库货位安排。注意：红色部分表示有货物储位，绿色部分表示储位为空（图中深色表示红色，浅色表示绿色，圆圈选中的A10303表示当前选中的储位）
8		单击“返回”，返回主页面，单击“完成”
9	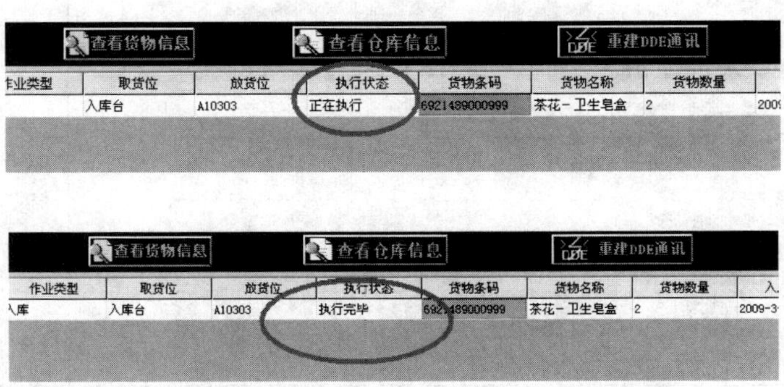	此时将货物放在入货台就可以了；扫描到货物后，执行状态将自动改为“执行完毕”

步骤三：使用自动化立体仓库控制软件完成出库操作。

各小组讨论，并派一名代表按照表5-10中的步骤，使用自动化立体仓库控制软件完成出库操作。

表 5-10　出库操作

序　　号	步 骤 图 示	步 骤 说 明
1		打开 IE 浏览器，输入网址 http://192.168.1.118/EDU_3PL /login.aspx，用户名为 qhd，密码为 1
2	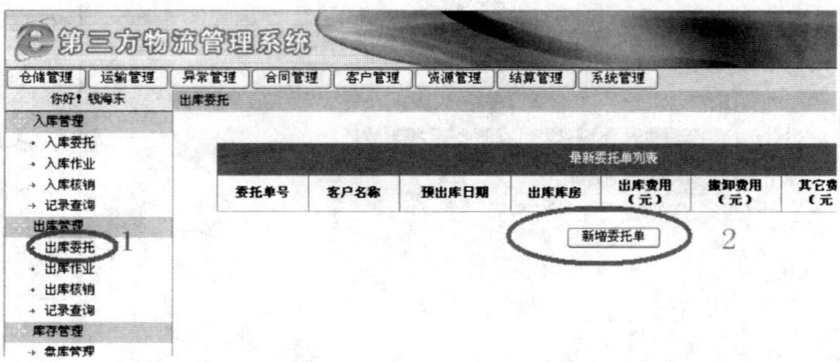	单击“仓储管理”进行出库委托；单击“新增委托单”进入委托界面
3	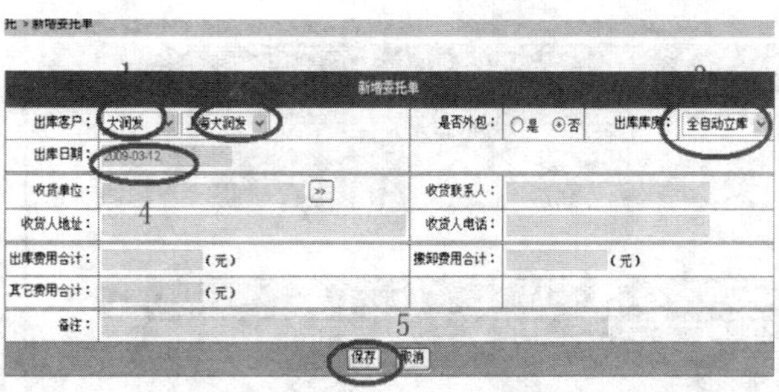	按照顺序录入相应信息，单击“保存”
4	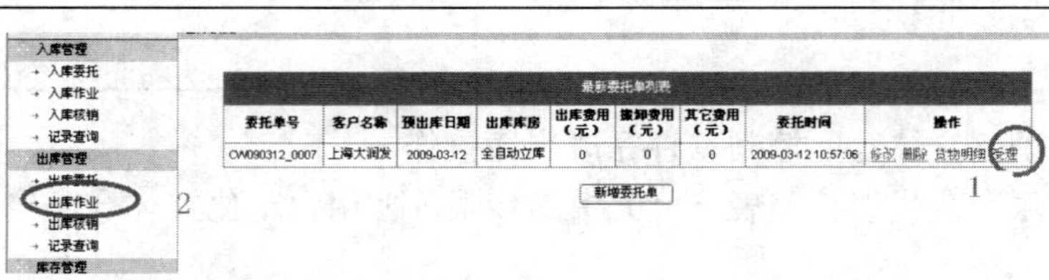	受理委托单后进行出库作业

（续）

序　　号	步骤图示	步骤说明
5	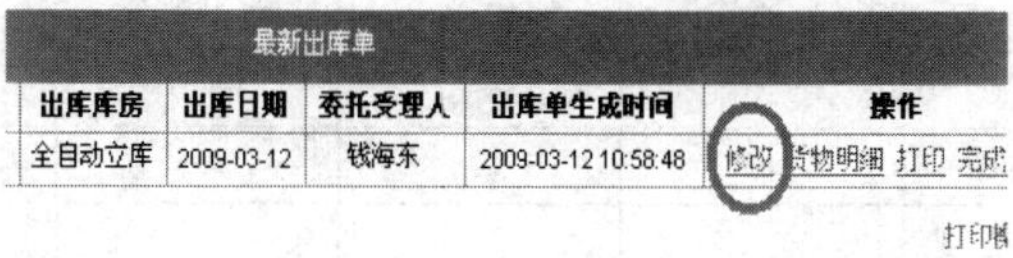	单击“出库作业”，单击“修改”对出库作业单进行修改
6	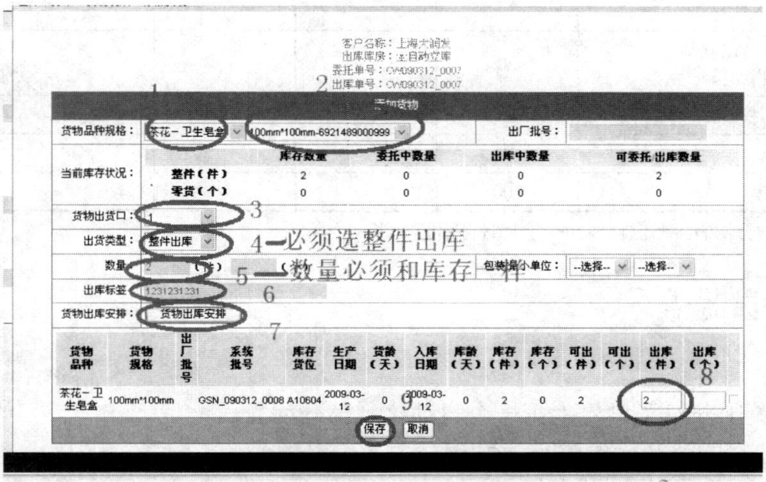	单击“货物明细”，录入出库明细，包括货物名称、品种规格、货物出口、出货类型、数量、出库标签、货物出库安排，填写出库件数，单击“保存”
7		单击“返回”，返回主页面，单击“完成”
8	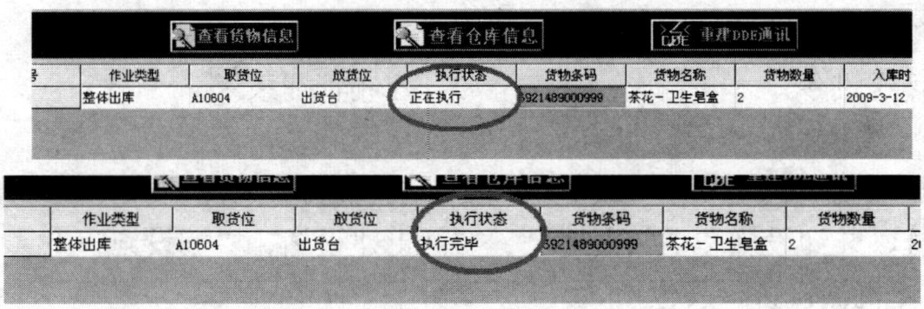	此时，堆垛机将到相应的储位取货，并通过传送链传送至相应的货物出口

步骤四：各组组长对本组成员进行评分，每组派 1 名代表为其他组评分。

组长根据小组成员任务完成情况进行评分；各组评分代表进行评分，评分代表所评的平均分为该组得分。评分代表不得对本组发言进行评分。

步骤五：教师点评，评定各组等级。

科任教师对各组进行点评，给出各组评分。

项目评价

小组名称		成员名字				
考评标准	考评项目	分值/分	组内评分	他组评分	教师评分	实际得分
	解说自动化立体仓库	10				
	自动化立体仓库操作准备	10				
	操作自动化立体仓库控制箱检测设备	20				
	使用自动化立体仓库控制软件完成入库操作	20				
	使用自动化立体仓库控制软件完成出库操作	20				
	语言表达	10				
	团队合作	10				
合　计		100				

注：实际得分=组内评分×30%+他组评分×30%+教师评分×40%。

巩固提高

一、判断题

1．1959年，英国开发了世界上第一个自动化立体仓库。（　）

2．自动化立体仓库的英文缩写为AS/RS。（　）

3．自动化立体仓库主要由货物储存设备、巷道式堆垛机、出入库输送设备、控制管理系统和配套设施几个部分组成。（　）

4．高层货架是指高度在15m以上的货架。（　）

5．货架按照排、列、层来确定相应的储位。（　）

二、单项选择题

1．（　）是整个自动化立体仓库的核心设备。

A．立体货架　　B．巷道堆垛机

C．出入库输送设备　　D．控制管理系统

2．现代智能仓库由哪三大类设施组成？（　）

A．土建设施、物流设施和电气设施　　B．土建设施、机械设施和自动作业设施

C．土建设施、装卸设施和电气设施　　D．土建设施、机械设施和电气设施

3．现代智能仓库机械设备一般包括（　）。

A．货架、输送机、巷道式堆垛机和其他机械设备等

B．货架、托盘、巷道式堆垛机和输送机等

C．货架、托盘、巷道式堆垛机和其他机械设备等

D．货架、托盘、输送机和其他机械设备等

4．自动化仓库中的电气设备主要包括（　）。

A．检测装置、信息识别装置、控制装置、通信设备、监控调度设备、计算管理设备等

B．货架、输送机、通信设备、监控调度设备、计算管理设备等

C．检测装置、巷道式堆垛机、通信设备、监控调度设备、计算管理设备等

D．检测装置、信息识别装置、控制装置、通信设备、计算管理设备等

三、多项选择题

1．下列关于自动化立体仓库操作准备工作说法正确的是（　　）。

A．开启气泵时，要注意观察气泵气压，不要离开或做其他操作

B．当气泵气压表显示刻度在“35Pa”左右时，及时开启气泵出气阀，释放气压

C．时刻关注气泵的刻度，使气泵气压表气压保持在25Pa左右

D．检查各气泵输出皮管，若存在漏气现象应立刻停止操作进行检修，待正常后继续操作

2．在自动化立体仓库里有两个东西非常重要，它们是（　　）。

A．急停按钮　　B．顶升机按钮

C．二维链按钮　　D．报警器

3．下列关于自动化立体仓库操作的注意事项描述正确的是（　　）。

A．当堆垛机叉车载货升起时，人不要站在下面观望，以免造成伤害

B．可以变更传感器和行程开关的位置，以防止意外

C．使用时不要打开堆垛机控制柜的柜门，以免触电

D．在使用自动化立体仓库前，检查巷道内是否有异物，以防止堆垛机损坏

4．系统“货物明细”页面，录入的出库明细包括（　　）。

A．货物名称　　B．品种规格　　C．货物出货类型　　D．出库件数

5．系统“入库货位安排”的操作表述正确的是（　　）。

A．红色部分表示有货物储位　　B．红色部分表示储位为空

C．绿色部分表示有货物储位　　D．绿色部分表示储位为空

知识能力提升

自动化立体仓库的现状

目前，自动化立体仓库正处于不断发展和完善的阶段，世界上主要工业国家都把着眼点放在开发性能可靠的新产品和采用高新技术上。近年来，国内外在建设自动化立体仓库方面更加注重实用性和安全性。大型自动化立体仓库不再是发展方向，出现了规模更小、反应速度更快、用途更广的自动化系统。在堆垛机方面，要求具有更高定位精度，提高搜索能力和运行速度；普遍采用条码技术、扫描技术、射频数据通信技术，数据的采集和处理交换能够在搬运工具和中央计算机之间快速进行。

2010年，我国建成的自动化立体仓库有近200座，共生产了1000多台不同规格的有轨巷道堆垛机产品，自动化立体仓库的总产值超过15亿元人民币。截至2010年年底，全国累计建成的自动化立体仓库接近2000座，在役的自动化立体仓库超过1500座。目前，建设的自动化立体仓库规模越来越大，平均货位数在1万个左右，高度均在20m左右，系统更加复杂，设备数量越来越多，应用领域也越来越广。

职业素养提升

小方是某物流企业老板的侄子，在企业仓储部门负责货物出运工作，每次因货物未正常出运而需要加班时，小方总是以各种理由不到岗加班，鉴于他是老板的亲戚，该部门负责人很是头疼，可是这样的员工安排在团队中势必影响团队的工作情绪。该部门负责人多次找小方谈话，小方反觉得部门成员斤斤计较，领导无事生非。

请问，小方的问题在哪里？如果你是部门负责人，接下来你会怎么做？

参考文献

[1] 蓝仁昌．仓储与配送实务[M]．北京：中国财富出版社，2011．

[2] 林勇平．出入库作业实务[M]．北京：机械工业出版社，2013．

[3] 刘继萍．优秀仓管员岗位技能手册[M]．北京：中国劳动社会保障出版社，2014．